# 英伦牧歌
*English Pastoral*

[英]詹姆斯·雷班克斯 ___ 著
仲泽 ___ 译

人民东方出版传媒
东方出版社
The Oriental Press

版权所有 © 2020 by James Rebanks
著作权登记号：01-2023-5819

**图书在版编目（CIP）数据**

英伦牧歌 /（英）詹姆斯·雷班克斯著；仲泽译 . -- 北京：东方出版社，2024.6
书名原文：English Pastoral
ISBN 978-7-5207-3825-5

Ⅰ．①英… Ⅱ．①詹… ②仲… Ⅲ．①生态农业—农业发展—研究—英国 Ⅳ．① F356.1

中国国家版本馆 CIP 数据核字 (2024) 第 028369 号

### 英伦牧歌
（YINGLUN MUGE）

| | |
|---|---|
| 作　　者： | [英] 詹姆斯·雷班克斯 |
| 译　　者： | 仲　泽 |
| 责任编辑： | 李伟楠 |
| 责任审校： | 蔡晓颖 |
| 出　　版： | 东方出版社 |
| 发　　行： | 人民东方出版传媒有限公司 |
| 地　　址： | 北京市东城区朝阳门内大街 166 号 |
| 邮　　编： | 100010 |
| 印　　刷： | 北京明恒达印务有限公司 |
| 版　　次： | 2024 年 6 月第 1 版 |
| 印　　次： | 2024 年 6 月第 1 次印刷 |
| 开　　本： | 787 毫米 ×1092 毫米　1/32 |
| 印　　张： | 9.875 |
| 字　　数： | 172 千字 |
| 书　　号： | ISBN 978-7-5207-3825-5 |
| 定　　价： | 69.00 元 |
| 发行电话： | （010）85924663　85924644　85924641 |

版权所有，违者必究
如有印装质量问题，我社负责调换，请拨打电话：（010）85924602　85924603

谨将此书奉于爱妻海伦

序 言

歌颂自然、吟咏田园是常写常新的文艺母题，詹姆斯·雷班克斯其人其作堪称异数。

《英伦牧歌》既是浪漫的文艺吟唱，也是深刻的历史考察，更是了无学究气息的学术思考和探索，置于深广背景的叩问和批评为这首山间牧歌赋予了卓越的思想品质与非同寻常的社会意义。

## 特立独行的山区农夫

雷班克斯的经历颇多"传奇"色彩。

他是一个辛勤劳作的农民，一名入读牛津的山区羊倌，一位联合国教科文组织世界遗产中心的专家。作为个人，他坚守自我，拒绝标准化，排斥"格式化"，远离流水线的加工和蹂躏，是个质疑潮流、挑战"共识"的悖逆之徒。

1974年，雷班克斯生于英格兰西北的坎布里亚，那里有风景旖旎的高山湖泊，是享誉英伦的度假胜地，也是华兹华斯纵笔点染而成就盛誉的文艺圣地。

雷班克斯世代力耕，追溯历史，至少有六百年之久。

小学毕业后，优秀同学升入本地的文法学校，雷班克斯跟一干差生入读镇上的综合中学（类似我们的初级职业中学）。他在学校里是"干坏事的一把好手"，被老师和校长目为毫无出息，只能回家种地或从事贱役的学生。

十五岁那年，雷班克斯辍学务农，照他自己的说法，此前在家中的农场干了七年的"临工"，此后又干了三年的"全职"。

回家之后，由于跟父亲关系不和，雷班克斯在农忙之余有时跟狐朋狗友在城里厮混，有时窝在家里读母亲书架上的文史经典，读得"如痴如狂，享受着远离他人的独立空间"，"很快便成了书痴"（刚上小学就喜欢阅读，却遭到祖父、祖母和父亲的"打击"）。

由于痴迷阅读而且品位不低，雷班克斯辍学务农却未中断学习，出入酒馆的经历为他彻底转变提供了契机。

一次，酒馆举行知识竞赛，他表现出色，朋友忠告他远离他们那帮白痴，应该入读大学，干些大事。

一次，酒馆聚会碰到了一位姑娘，那是妹妹的同学，学习用功，穿戴整洁，对他放浪形骸大为不解，激励他超越自我，追求幸福。雷班克斯说自己突然告别了过去，"一个优秀的傻瓜就此走了"，连朋友都大感不解。

于是，二十一岁那年，辍学六年后，雷班克斯又进了学校。那是卡莱尔市（坎布里亚郡治所在）的成人教育中心（他打趣说，听名字好像教色情内容），其实就是一所夜校，由于没有"初中"毕业证书，老师担心他跟不上课程而拒绝接收，他百般求告才最终如愿，校方答应尝试三个星期。

班上一共二十人，两个因兴趣而求学的老人，两个想提高学历的青年，十五个意欲拿到证书以便领取救济的单身妈妈，还有一个是打算"证明自己"的年轻农民。

由于自愿入学，他说自己觉得身负一份使命，因而"一切都变了"。每天忙完农活，他便驱车半个小时前往学校，每晚学习两个小时。尽管年轻妈妈们在课堂上说笑嬉闹，他却学得相当用功，而且发现，好多问题他知道得比老师还多。因为课堂积极发言，参与学术讨论，课后认真完成作业，他课程全优，得到老师的彻底认可，因而老师对他初中未曾毕业感到不解，询问他平时如何阅读，是否有意入读大学，是否有意前赴剑桥牛津。

夜校期间，每次作业他都单指打字，提交干净整洁的打印稿件，原因是自己不会写字。中小学时候原本写字不好，农场劳动的书写机会更少，荒疏日久，只会写一点大写字母。考试前一个月他才意识到需要手写应答，最终，还是酒馆邂逅的那位姑娘买到儿童书写练习册，帮他学会了写字。

二十三岁那年，还是为了"证明自己"，雷班克斯"违拗心志"，通过考试进入牛津大学研修历史。

就学牛津，他发现"保持自我""与众不同"成了自己最大的优势，"北方气质"让他显得卓尔不群，其他来自名校的同学都很优秀，唯一的缺陷是"千人一面"，由于一帆风顺而对生活的理解相当肤浅。遑论在作者眼中，各类大学，尤其是农学院校，尽在批量加工"锐意进取""野心勃勃"的劣质产品。

初入牛津，他最大的感受是空虚无聊，一早醒来无活可干，身边没有牛羊，只能出门溜达，把校园视为牧场，把散步当作农活。

远离家乡，农场上少了人手，父母会格外劳累，他觉得"羞愧难当"，因此一面发奋学习，成天泡在图书馆，"努力搞懂所学的科目"，力争以最好的成绩完成学业，一面尽其所能地回家干活，还像念小学和初中那样，充当家中的主要劳力。

大学期间，酒馆邂逅的那位姑娘也赶到校园，经营小吃店维持他的求学生活。

姑娘名叫海伦，后来成了他的妻子。

※

牛津毕业后，雷班克斯并没有像初中老师期望的那样终于脱离黄土，远走高飞，而是回到农场，继续耕田种草，喂牛放羊。虽然身为联合国教科文组织的专家，他却认为那是一份兼职，自己的主业是务农，真正的身份是农民。

他一边在农场干活，一边从事写作。

从2015年开始，他先后出版《牧羊人生》《赫德维克羊牧养图解》和《牧人眼中的古老原野》，作品译为十几种文字，行销全球。

2020年9月，《英伦牧歌》由企鹅出版社刊行，并于次年获颁温赖特自然写作奖。

《牧羊人生》以细腻跳脱的笔触交代了五彩斑斓的牧场生活，在职业分工日趋细化，隔行犹如隔山的时代，让广大受众尤其城市群体领略了"匪夷所思"的别样生活。如果说这部作品是深婉动人的讲述，《英伦牧歌》则是深沉的质疑和尖锐的叩问，是作者农学思想的沉淀与升华。

现在,雷班克斯是享誉英国也闻名世界的农民,是赫德维克山地羊的育种高手,也是思考农业现状、探索农业前景的农学专家。

## 新旧相参的农田牧场

特立独行从来就不是矫情的做派,那是天性的自然流露,需要依托发乎赤忱的情怀,凭借独立思考形就的精神力量。

雷班克斯的农场位于闻名遐迩的英国湖区,他之所以讴歌田园,除了赞美秀丽的风景,主要因为钟情于呵护自由与天性的那份野性和生机。

家中的一块草场位于山间的漫滩之上,每逢黎明将至,或是黄昏初临,"谷底微似太古时代,牛群和野鹿常在雾海中吃草,苍鹭展翅,往复掠飞,时而落上栖木,时而捕捉鱼儿和青蛙"。这是悠扬闲适的牧歌,更是宛若洪荒的静谧——静得干净,静得原始,静得狂野,静得让人不安,好似风暴将临却微波不兴的辽阔洋面。

牛群走出冬天迎接夏日,尽情尽兴地享受着解放,空空的厩舍成了寒冬桎梏的逼真写照。牛圈"变得无比清冷,无比阴暗,也无比宁静","只有燕子在圈门上漫无休止地咬舌"。"走过牛圈,声声脚步在地上和壁间回响。农场的斑猫卧在地上,紧盯梁间的燕子,在百般琢磨如何出击。"即使置于吟咏田园的名作之中,这些简淡的文字也是令人惊艳的上乘篇什。

不必说百卉竞放,鹰击长空,也不必说燕语莺歌,麦浪拂风,连掰开一块表皮干爽的牛粪,眼前也是生机奔腾的热闹景象:蛴螬一身灰色,肥胖臃肿,小小的甲虫或周身油黑,或蓝似宝石,在阳光下熠熠生辉。

面对可以释放天性的田野,难怪作者牛津毕业便返回了故乡。就学期间,一位教授赞叹他华丽转身之余进而提到他"会怀念(牛津)",他的回答却是"思念一刻也没有停止,是要最终回去",搞得教授不明就里。

为了熟悉全新的环境,牛津期间他曾到伦敦短期工作,在"更为广阔的世界里营谋生计",发现那"其实就是经常盯着电脑干别人吩咐的事情",不但要"长年累月寄身于办公室的隔间之中,还得漫长乏味地赶乘火车而或挤乘公交上班下班",也就在那时,他"渴望一方可以抽身退步的天地,以求通过真切的劳作安身立命",遑论早年"开始清楚世界何其荒唐难解",他就认为"可以像藏身茧房那般遁迹于农场"。

正因为这样，在他眼中，家乡的山谷是孩子们成长的"天赐乐土"，可以任由他们"在不失野趣的地上闲逛穿梭，在林间溪畔嬉戏游玩"，可以像他当年那样"四处撒野，沿着树篱一路冒险，或是前往铁道，或是拜访老一辈孩童曾经玩耍，而今满目荒圮的古老磨坊"，待年岁略长，要么"藏在那里（树篱）翻阅色情书刊"，要么"背过大人偷着抽烟"。

作者的田园情怀每每呈之浅吟微唱，显得和缓从容，不疾不徐，一派农夫的质朴和清新：

> 我从未想过谁能让我违拗心志，告别这方田野，告别这姿态万千的光影山色。居留越久，山间的乐曲就越发清晰。鹡鸰匿身荆棘，悄然放歌；草叶遍及牧场，窃窃耳语；山风过处，苏格兰松枝柯摇曳而奏响天籁。我融身此地，与这片田野浑然为一，难分彼此，既然它已将我安置于此，那则讲述回归、衍为一生的漫长故事便有了结局。时光延迁，昼夜递变，身为主体的那个"我"渐次远去，作为客体的那个"我"也消弭了意义，现在，要想追忆我到底是谁，又何以应命而为，都要大费周折。今人标榜自我，崇奉个性，殊不

知那是一个镀金的牢笼。寄身大地,隐匿小我又何尝不能获得解脱和自由?我想,在这喧嚣扰嚷的时代,尽其所能地安静生活恐怕也是一桩成就,一种美德。

※

"与田野浑然为一"绝非浪漫的文艺化辞藻,作者每每将农田视为自己的人生归宿,那是据土劳作,重塑基因的必然结果。

这种感触源于亲身体验,也来自祖父的言传身教。

雷班克斯提到,在农具实现代际更新的时候,祖父一时没法接受农业机械,因为驾驶机械便意味着远离了泥土,根本不像赶着马匹,手扶耕犁,一旦土中埋有石块,犁身就会为之一震,那种感觉既在手上也在脚下。所以,祖父,这位终身耕田的农民,与脚下的土地、地上的庄稼,以及原野的生灵息息相关,对家中的土地了如指掌,好像那就是他四向延展的身躯。

由于这份深情,作者提到,虽然种地需要投入很多时间,有时也不免沉闷乏味,可他从未听到祖父抱怨过只言片语,也从未听到他叫苦叫累。

虽然作者表明，户外劳作，亲近自然能使身心保持健康，却也清楚地交代了农耕的艰辛，那是"流汗流血"又"吃苦耐劳"的古老行业，身与其事才能领教苦楚和劳顿。

春种之际，播种机出错，鸟雀盗食籽种，天气太潮或是过冷，都会影响收成，遭遇旱情则会绝收。即使顺利发芽，出现病害虫害则会秧苗枯萎，一切泡汤。秋收更是不能大意，干草需要收割、晾晒、堆码，更需要随时关注天气加紧抢收，碰上阴雨导致霉变，禽畜过冬就没有指望。

即便风调雨顺，喜获丰收，疫病来袭也会遭遇灭顶之灾。他曾经提到，一次口蹄疫暴发，舍饲和牧养的牲畜无一幸免，被防疫部门尽数射杀，两三代人辛辛苦苦培育的优良品种也化为乌有，农场上下惨不忍睹，触目惊心。

农场劳作，除却上述因素和意外的人身伤害，还会遭受大型企业、科技公司及金融部门的凌暴而倾家荡产。

正因为这样，作者虽然希望自己的孩子能在喧嚣扰嚷的时代守住田园，守住自己，却又"不想让他们觉得父亲的期待是一重羁绊"。看到孩子对农耕满怀憧憬，他"又是骄傲，又是期待，又是心疼"，所以如此，乃是"因为耕地业田有时会将人彻底累垮，何况还要应付经济困境，搞得焦头烂额"。

深谙稼穑之苦却能沉醉田园，这才是源自肺腑的赤子之忱。这位农场骑士吟唱了一曲悠远的牧歌，这首牧歌美得纯粹，美得残酷，美得让人心动。他绝非肤浅而狡狯的网红窜至乡间，穷喊极嘶却一无所知地"诗和远方"两下，然后拍一拍屁股，收割了无数流量，不带走一片云彩。

田园虽美，却面临巨大的困境和严峻的挑战。作者直面现实，深入探索，透辟施论，这是本书的精华。

农民承受的压力首先来自环保人士的批评责难，其次则是强势力量的经济凌暴。

父亲去世后，雷班克斯接管农场，成了真正意义上的农民，他发现"种地为生面临前所未有的责难和挑战"，"雨林被毁，江河污染，土壤退化，无数的田野肥力耗竭，了无生趣"，负面报道成了常态，字里行间尽是怒火。"有史以来，身为农民，我们好像第一次觉得心怀歉疚，好像该为某些事情承担责任。"

更有甚者，极端环保分子未知"傻得过分"还是"富得离奇"，能够"听任野兔糟蹋庄稼"，而且"道德高尚，境界超拔",对捕杀野兔的农民比比画画,说三道四。

2018年,由于极端环保分子抗议,雷班克斯辞任英国国家环保局的顾问职位。

面对铺天盖地的讨伐,作者指出,农民是著土谋生的群体,是"直立的猿类,并非下凡的天使",遑论他们负重而行,劳作艰辛,如何能以"相宜的心态洞悉自然,珍爱呵护"?怎么能有"优越的条件透彻分析,敏锐思考"?

作者一面为农民申辩,一面直指真相:"现代农业"才是弊害的根源。

现代农业采用集约化经营,究其实质便是扩大规模,简化品种。规模化经营降低了生产成本,势单力孤的农场无法抗衡,只能卷入时代潮流,"一场声势浩大的简化运动正在大地上全面展开",全国上下穷力效仿,愈演愈烈,使调色板式的山间牧场成了一片"绿色荒漠"。"耕种单一作物,饲养特定牲畜","从农场除去一两样东西就会影响全局,引发连带效应",最终,"惨烈的淘汰运动"摧垮了家庭农场,抹掉了生物多样性。

现代农业一味追求高效,为了效率不惜任何代价。作者指出,"奶牛从入户舍饲到逐渐改良,到日产牛奶四五加仑,前后经历了一万年之久,然而在我短短的一生之中,这一数值就翻了一番"。高效农业的本质就是依托新型技术的工业化生产，新型技术彻底突破了自然对农耕的限制，因而抛弃了混作经营和轮作休耕，最终耗竭了土壤肥力，只能像嗜毒成瘾那般以化学肥料维系残局。万物赖以存活的土壤遭到破坏，规模更大、范围更广的连锁反应便接踵而至。"曾有人类的文明彻底绝灭，根源在于耕作方式导致了土壤退化"，作者发出警醒的呼告。

现代农业导致高度分工，这是规模化经营的必然结果，也是时代大势在农耕领域的反映。农耕原本是自满自足的运作系统，高度分工却使各个生产环节隔膜疏离，最终导致了发展畸轻畸重，经营顾此失彼的荒唐局面。下到农场生产，上至农学教育，颓风所及，无所不染。一次母牛产崽，牛犊出生不久便白白死了，原因是没有专人负责，老农得悉情况"没法理解"，"破口大骂"，工人只能"耸肩摊手，相互推诿"。顶尖的农学院校一面在批量加工唯知渔利、不知其他的"粗劣产品"，一面又在培养"对农耕实践和乡村生活一无所知的青年环保人士"。"教育沦为独专一门的行当，将青年一代分作各有门户、几难沟通的若许阵营"。作者考察历史，分析现状，援引雅各布斯的言论发出棒喝：高度分工就是一场灾难。

现代农业崇尚商业思维，农场成了政策、技术和资金纠合发威的地方,"农耕"蜕变为"要将各色行为穷搜毕罗,概而相称"的新词。逐利之风侵入农场,"人们的良知和天性因而被清除一空。那里容不得感情,容不得文化,容不得传统,也容不得基于本能的底线顾虑和代价意识"。作者指出,经济学家根本不足为训。农耕绝不可跟其他职业等量齐观,它的生产环境就是自然,所以会对自然发生直接而深刻的影响。一旦农民打理土壤唯求增产也只管增肥,则鸟雀、昆虫和哺乳动物都会尽数消失,生态系统就会彻底崩溃。

现代农业使生物多样性成了过去,使耗竭土壤、污染江河成了现实,它瓦解了家庭耕作及因而滋养的民风民俗和乡村景观,也颠覆了人们的土地情怀和养殖伦理,更为可怕的则是,商品丰足的表象掩盖了食物短缺的隐患,淡化了人们的食品危机意识("无论考察英国还是放眼世界,好多家庭摆脱饥饿威胁也只是一代人的事情")。在现代农业背景下,最终的受害者是全部人类,直接的受害者则是据土生产的劳苦大众。

作者最终将批判的锋芒指向人类的贪欲,指向玩弄政策、垄断技术、掌控资金的强势集团:

> 一切农事活动无不受制于所处的时代,由不事稼穑的强势群体操控左右。我们好似提线木偶,

跟着隐形的拉线或前或后。在某些地方，这些拉线还在决定你如何购物，如何吃饭，如何投票，如是影响隐而不彰却向来如此。

人们以为自己在购买农场的食品，其实，这些钱差不多都流向了加工环节，流向了批发商和零售商。赢家是为数不多的几家大型公司，不同党派的各色政客和立法人员都在他们的手上。

当然，作者思考农耕并未单纯限于批判，正如在接手农场之初，就打算在经济和生态之间寻求平衡，探索既能耕田养家又能保护土地的两全之策。所以，他一方面通过思考提供了启示和借鉴，一方面在农场上做了可贵的尝试，也收到了预期的效果，限于篇幅，本文不便展开，阅读本书便能知悉详情。

除了自己探索，他还号召广大农民团结一致，为自己发声。尽管深知"人类社会向来丑陋自私，蝇营狗苟，将我们误导分化绝非难事"，他却依然相信还有矢志不移、坚守信念的优秀人士。

"一日耕田，千年为计"，他援引古谚呼吁农民担负责任，保护自然，切莫制造一团乱局留待他人打理。

不过，雷班克斯也十分清醒地指出，高效农业不可或缺，人类不能全然生活在过去，可是，农耕需要兼顾所有，觅得平衡。要想真正迎来农业革命，需要利益相关的各方协同合作，相互让步，他的农场试验便体现了这一精神——这是不列颠的民族基因。

但愿高歌猛进的洪流不要淹没了"保守"论调，也希望你死我活的斗争能够考虑"折中"方案。

## 不胜感喟的美好人间

阅读本书，好多场景让人十分熟悉，甚至备感亲切。

割除蓟草的时候，祖父身揣一块灰蓝磨石，随时坐在地头啐上唾沫打磨镰锋。粪堆好像小山，祖父每天都要清扫四周，好让斜坡陡直，边沿干净。碾压农田时，祖父发现前方有一窝鸟蛋，小心翼翼地兜进帽子，压过之后又在原地拱出小坑放回。由于自主宰杀牲禽，祖父对肉食心存敬畏，教导子孙切莫浪费食物，连熏肉的那点表皮也不能丢弃。剪完羊毛，地上难免会散落一丝一缕，父亲会细心捡拾，剥除脏物尽数收纳。父亲剪完羊毛早已累瘫，却又给邻家搭手，对方询问酬劳，父亲却摆手了之。村上售卖牛羊，即使达成交易，如果发现售价高于市价，卖方就会满怀歉疚地退补差价。作者入读牛津的消息轰动一时，人们都调侃父亲，那是由于母亲的遗传。公地的配电箱早已破损，不堪其用却还在凑合，由于合伙做事，人们的想法就心照不宣。返乡的姑娘对老旧乡村的生活十分排斥，碍于父母的面子硬着头皮支撑应付。两位老人相聚闲谈，最终指出，尽管好多人走向世界，辉赫发达，如果穷根究底，几乎无一例外地来自某个农庄……

天下农夫是一家，勤劳、质朴、乐观、友善、幽默、节俭、精明，等等，适用于所有的农耕群体。

可是，这些劳苦大众却被一双强力的隐形大手所操控，那是身穿衬衫、打着领带的新派"农民"，是引领潮流、挥斥指点的公司老板，是呼风唤雨、左右局面的银行经理，也是谈笑风生、温文尔雅的政界名流。

※

《英伦牧歌》是一曲山间牧歌，一份历史记录，一部社会批评，也是一家三代耕田谋生、辛苦劳作的忠实写照。

祖父生于第一次世界大战之前，租种荒地赖以谋生，曾经赶着马儿，手扶耕犁，在犁沟中深一脚浅一脚地走来走去。后来经过努力薄有产业，在风光秀丽、荒僻遥远的湖区山间经营农场。

祖母是持家的高手，能把所种所养的一切变成美餐，烹制的饭食既能应时，又是土产，几乎不用购买任何食材。

祖父年轻时曾经有过荒唐经历，和外面的女人有过一个孩子，所以祖母没法释怀，"干家务手脚很重"。

然而，行至晚年，两人相依相伴，难舍彼此。祖父操弄园子的时候，为了取悦祖母，会"不情不愿地种几行白菜、莴苣、胡萝卜和洋葱，每年开春，总会骂骂咧咧地拿着耙子整地"。祖父脚穿一双棕色旧皮靴，尽管最终成了"木屐"，还是让祖母用软革防水鞋油擦得干干净净。

雷班克斯七岁那年，祖父开启了他的农耕教育，不到一年，便让他"爱上了那个古老的农耕世界。祖父拟订计划，最终得遂所愿：我不再是那个躲离农场的孩童，已经对他深信不疑，言听计从"。

父亲生于第二次世界大战之后，是个典型的山区农民，热情友善却粗豪不羁，对作者相当严厉，因而关系不和，甚至拳脚相向，作者辍学数年后前往澳大利亚，其中便有远离父亲的因素。可是，待父亲晚年深陷沉疴，作者不忍听他交代后事，父亲去世让他"领略了人生的至暗时刻"，面对农场茫然失措，思念愈甚。

母亲是个读书种子，家里藏有企鹅版的文史经典，有一架老旧钢琴，还有拉赫玛尼诺夫的唱片，曾经因为作者辍学十分难过。可是,母亲不娴家务,每每受到祖母唠叨,所以希望到户外干粗活重活,照作者的说法,她原本就"不该嫁到这种农民家庭"。

父亲去世后,骨灰撒在农场高处,母亲伤心难过总会前往农场干父亲干过的活计寻求宽慰。一次全家栽树,她尽管年老体弱,却也前往搭手,因为在那里"觉得离父亲近些,他仿佛还在跟我们一起干活"。

妻子海伦是生于牧场的农家姑娘,从酒馆邂逅劝勉,到帮助写字,到赶往牛津共同开店,支持学业,到操持家务,处理杂务也协理农场事务,是作者呵护在心的忠实伴侣。

小时候,祖父为雷班克斯开启了农耕教育,后来父亲接手,又成了他的孩子们的农场导师。

一次家中的牛犊死了,父亲脾气很坏,雷班克斯不敢待在家里,只好跟祖父出门干活,一面坐着拖拉机绕地颠簸,一面还在回味电视剧剧情。自己经管农场后,因为遭遇大雪而忧心忡忡,孩子们却因为不用上学欢呼雀跃。翻译这些文句的时候,我不由得想起了身陷苦海却痴痴苦吟的香菱。

作者开篇便申明立场,全书据实讲述,"无意美化"——捐弃"典型"思维,这才是纪实文字(时髦说法叫"非虚构写作")的灵魂。

全书既有伴着泪水的欢笑，也有杂以痛苦的欣然，这是温馨烦恼的农家生活，也是充满烟火气息的美好人间。

弘一法师远行之际以"悲欣交集"开示众生，诚哉斯言。

仲泽　2022年盛夏于兰州

## 目录

牧歌 / 001

忆旧 / 007

颓势 / 091

梦想 / 189

鸣谢 / 277

后记 / 284

Pastoral

语　源

中古晚期英语，源自拉丁语 pastoralis，系指"与牧人相关的"，及 pastor，意谓"牧人"。

形容词

1. 牧养牛羊的，尤用于土地；
2. 关于或适于（基督教会）心灵导引的。

名　词

艺术作品，用以描摹或再现乡村生活，以浪漫风格或美化视角为典型特征，目标受众为城市群体。

牧歌

## 耕犁与海鸥

黑头海鸥跟着犁沟，好像我们驾着一条小小的渔船驶在海面。天上满是拍扇两翼的身影和厉声尖叫的鸟喙，白色的鸟粪斑斑点点，仿佛牛奶泼溅在地。我坐着拖拉机，挤在祖父后面，一把扳手和一副管钳硌得屁股很疼。一座石灰岩丘陵坡陀平缓，越来越低，渐渐隐入了远方的伊顿谷地。我们正在山顶犁地。那块地十二英亩，用白石垒成的矮墙隔为两道长条。我们好像在地球之巅，再高就只有头顶的云彩。饥饿的海鸥上下翻飞。有些高入云霄，宛若孩子们手里的风筝，系在隐微难睹的细绳那端。有些飞得很低，离拖拉机只有几英尺，在犁铧上方拍打翅膀。还有一些一动不动，滑翔而过，近得几乎触手可及，锐利的双眼和腿上的斑纹清晰可见。有一只浮在空中，吊着一条弯曲下垂的伤腿。远处，湖畔的群山一片灰蓝，好似巨龙沉睡在地，背脊绵延，莽莽苍苍。

田野让六铧犁裁成了道道长条，泥土顺着闪亮的犁壁翻向一侧。铧刃把深色的湿土翻出地面，也将草叶埋入地下。耕犁破土，大地散发出阵阵潮气。道道犁沟宛若波峰叠伏的浪涛，在辽阔的褐色洋面迤逦而去。刚翻的生土颜色很深，时间一久便越来越淡，成了干爽的酥土。拖拉机隆隆作响，声闻四野，海鸥闻风而动，越来越多。它们急于觅食，越过田野和森林径直飞来，好像拿尺子在地图上取了一条直线。它们扰攘尖叫，兴奋不已，刚刚翻过的泥土上斑斑点点。

拖拉机在费劲地爬坡，排气管冒出阵阵黑烟。我的鼻子中尽是柴油和泥土的气息。祖父时而转身向前，时而转身向后，一直在操心犁沟，他以地头远方的两处标识作为参考，保证拖拉机不至跑偏。一端是一株老苏格兰松，另一端是远方山坡上的一处墙垣豁口。他说他认识一个青年，犁地的时候盯着远远的一个白点，结果犁得歪歪斜斜，原来那个白点是山坡上来回走动的一头白色母牛。除了操心犁沟，祖父还得留意后面的犁铧，因此一直斜扭身子，脖颈紧绷，饱经风霜的面颊满是银色的胡子短茬。

翻过的泥土又松又软，海鸥落在上面啄食蛆虫。捕到虫子便腾空而起，飞得老远，一边拼命拍打翅膀，一边尽快吞咽以防抢走。安心享用了美餐，它们就会落在耕犁之后一百来码的地方，接着又振翼而起，飞入高空，在拖拉机上方盘旋滑翔，一遍又一遍地重复这个过程。下面的乌鸦也踱过田野，还有几只拍扇黑色的翅膀，汇入了盘旋的阵营。

犁刃碰到石灰石基岩,传来一声闷响。拖拉机遽然一震,发动机像被锚钩定住那般加紧运转,只听犁刃嘎吱作响,石块随之破裂,犁铧向前微微一抬便破土而出。一片石块翻出了泥土,留在拖拉机后方。硕大的巨石仍旧像冰山那般留在土中,只是尖端或边角被犁刃划破,翻出了犁沟。这块农场土层很浅,类似的情况在反复出现。

夜幕降临,地上的影子越来越长。海鸥展翅返巢,宛若巨大的V字,好似战争片中的轰炸机编队。四面的山坡笼罩在幽蓝的暮霭之中,若隐若现。犁过地头,工作完成,我们也开始回家。拖拉机大灯映出一条黄色的通道,穿过枝柯交错的小路。野兔在前面蹦蹦跳跳,窜入路边的草丛。我坐在后面哈欠连连。硕大的星星在深蓝的天幕上闪着白光。及至拖拉机驶入小小的村庄,家家户户早已开着电视,灯火通明,人们或是在厨房里忙前忙后,或是累倒在客厅之中。

出行游历总得有个起点,那就让我从这里开始讲述。我坐在拖拉机后面,前面则是那位老人。平生首次,我开始琢磨我们是谁,田野是什么,也在思忖海鸥和耕犁是什么关系。身为孩童,我亲历了古老农耕的最后时光。未来如何又缘何变化，我一无所知。几年光景，若许变化也见于我家的农场，彼时我却全然不知，但又觉得付诸回忆，那该是个值得珍藏的日子。

本书打算讲述那个古老世界的前尘往事与发展变化。它涉及一场全球巨变，这番变化也见于我家的那两个小小的农场：一块位于伊顿谷地，由父亲租来，我们丢开差不多已有二十个年头，另一块属于祖父，农场很小，位于西去十七英里的湖区，我们现在居留于斯，劳作于斯。我会谈及童年时期本地的农耕状况和诸种变化，我将据实而言，无意美化，也会放眼英国，注目全球，谈及千千万万跟我们相似的农民，交代我们过去所作所为的诸般原委，以及我们现在志在矫弊的各种努力。过去四十年，一场巨变横扫田野，彻底颠覆了绵延几千年的农耕传统，那是彻底失败的一场试验，我家的田地也卷入其中，未能幸免。

我经历了那些岁月，我可以提供见证。

在陌生的原野上破土垦荒，先该了解那里的风云雨雪、稼穑农艺和土壤寒温，应该清楚哪里能种些什么，哪里又不能种植。

——维吉尔《田园诗》

情势糟糕无比，已在眼前。

—— J. A. 贝克《游隼》（1967）

只有亲近泥土，健全的农耕文明才会萌芽，只有依托扎根于土地的群体，健全的农耕文明才会成长。它在滋养人类源于泥土的智性，也在庇佑人类情系大地的心灵。它重要如许，拥有一切技术都无法彻底取代的地位。

——温德尔·贝里"农业危机之为文明危机"
《美国的纷扰》（1977）

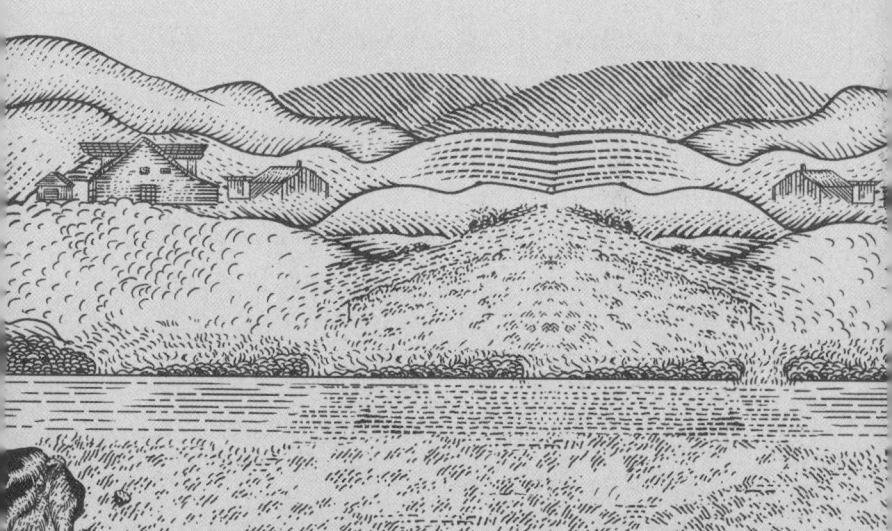

忆
旧

我们一声不吭，活似紧张的乌鸦，呆呆地缩在法律事务所候见室的直背椅子上。事务所的创业前辈显身于标准画像，一脸威严地盯着下面。我们旁边是一对母女，母亲发丝略染灰白。两人在窃窃低语。一会儿，有个条子布外衣的男士带她们上楼而去。镇上有座砾石砌成的教堂，旁边就是狄更斯笔下的那类沉闷馆所。世世代代，人们遇到法律纠纷都来这里，匆匆而来又匆匆而去，门前的台阶已经磨损，棱角不明。

我们家族首次见于文献记载是在 1420 年，当时跟旁边教区的一位乡绅牵涉地权纠纷。这家事务所打理我家的土地事宜起码已有三代之久，今天我们又来这里，是想了解父亲遗嘱的细节与详情。

人们不问就里，直接把我祖父的代理人称作"查尔斯"，就像提及久远的涉讼事宜，我们老说"这事最好问查尔斯"那样。我们这种小型集镇一直有些条件不错的人士，他们粗通法律且据以为业，为经营农场和种地谋生的群体提供服务。

有位年轻女子像个见习文员，问我要不要来杯咖啡。是个年长的妇人用手肘暗示又附耳低语，催她来问，不过我很快发现她其实不会操弄咖啡机。看来她入职不久，想努力干好却又无法如愿。她拿着杯子，手抖得厉害，颇为局促地说："我不知道怎样喝咖啡才有品位。"年长妇人毫不犹豫，将她轻轻推到一边自己动手。她满面窘态站在办公桌后面，难堪得都想拔腿溜走。我熟悉那种神情。二十岁前，连跟"品位"人士（位列中产或念过大学都算）搭话我都会忐忑不安。混在他们中间我觉得自己无足轻重，只好转过身去一言不发，任由他们高谈阔论，尽说些我闻所未闻的事情。

咖啡刚好，年长妇人便陪我们穿过走廊进了一间房子，室内一张清漆桌子，四周配有皮垫座椅。从桌子上方望去，窗外有两只灰色的鸽子，在房顶的石板瓦上一前一后地高视阔步。跟着进门的一位妇人递给我母亲一摞陈旧的文档，鼓鼓的，绑着细绳和缎带。她绕过桌子并亮明身份，告诉我们这就是我家的"地契"。打开缎带，那些文档摊成一堆，就像大腹便便的男人松开了腰带。若许往事有待解封，个中原委便在这里，我多想立刻翻开捧在手里。当然，不是谁都能在此刻打开翻阅，得先听她告知必需的法律事宜，所以，这些契约虽已摊开却原封未动。律师开始说话，我却一个字也听不进去。她见我心不在焉便停了下来。我问她能否开始翻阅，她说可以，并将几份推到我面前提供说明。最早的两三份地契在我手里就此打开，好似用纸板做成的蝴蝶展开了翅膀。

要想交代我家田地的前尘往事,最为切近的信息就在这些契约之中。眼前的蜡纸清新而隽秀,写着隐约难辨的刻板字体,附有色调柔和的地块草图。所有页幅书写簇密,页首字母采用粗大的古体。页脚的蜡戳色如红酒,四周尽是规规矩矩的签识。笔迹和草图在眼前渐渐清晰起来,树木、溪流、小径和谷仓,地块名称和地貌特征展示了一个似曾相识的世界,那些草叶、石块、土壤跟林木虽然只是呈于纸张,见诸文字,跟我熟知的一切却能一一相印。这是我前所未见的古老讯息,好像考古发现那般,无不标有"凯尔特"印迹。

家中所有的土地曾经归属何人都见于这些文档,每次转手均有详细记载,都能追溯到几百年以前。上次经眼想必是父亲和祖父,再早则是先于他们劳作的农夫,由于担心种地的双手污损这些文本,因而将它们收回归档保存。只有牵涉田界、属权、细目及其他纠葛,或是相关人等故世,才会调取查阅。田地名称出现在我的眼前:

格林滩

小格林滩

史密斯梁

高石河

石沟

石沟梁

布朗崖

伍德场

长田

翻阅这些交易合同，可知二十世纪六十年代早期，祖父曾在本地购入一百亩土地。一个礼拜天下午，他开车出门"了解情况"，带着我的父亲，那时还是个十来岁的孱弱少年，以及他的表弟杰克，因为那边的土地状况他更加清楚。据合同所述，那是些疏于打理、围栏破败的零散坡地，凑成了一个"荒山农场"。看过之后，祖父决定借钱买下，好在夏天放牛牧羊。他最终花 14,000 英镑达成交易。还有一份合同显示，有个农民弃耕不作，他的那块地五十亩，夹在我家的农场中间，父母因此买进并为一块，后来，那是九十年代，他们又买了跟农场相邻的十六亩土地。父亲去世后几个星期，我和妻子买了屋后的十四亩坡地，那块地靠近农场，经管牛羊颇为方便，所以，这些文档不久便会新添几份。

从合同可见，农耕用地在家户之间轮番流转，往复循环，我也因而明白，土地并非永久持有的不动产业，由于人们或是购买，或是租赁，一番操作就会易主变更。我家土地的流转过程就显得纷繁复杂，好多人家也是如此。每逢易手耕作，土地属权就会变化，当然也有可能彻底丢弃。我家的耕地位于英格兰北方的山区，往后的光景如何，正如律师所说，就看通过种地和其他办法，我能否支付账单，清偿债务，挣钱养家了。我从十来岁起就在农场干活，也在草场放羊，可是这次的情况却大为不同。离开事务所，走下磨损已久的台阶回家之际，我心里清楚，从现在开始我成了"农民"。

父亲去世后的那几个月，我领略了人生的至暗时刻。以前，我一直想种地务农，希望能够自己掌舵，出海启航，及至梦想成真却又茫然失措。放眼望去，天地间一片灰暗，死气沉沉。山谷那边，人们好像陷于痴狂而彻底发疯，成心在干莫名其妙的蠢事。英格兰已经四分五裂，支离破碎。那几个月我突然觉得无所适从。我好像身不由己，跟着别人亦步亦趋，每逢崎岖难行就告诉他们，他们让我放心然后却消失得无影无踪。农场显得荒寂僻远，没有伙伴就越发冷清。务农人口在逐年减少，放眼全国，他们成了微不足道的孤弱群体。农村的境况不堪一击，好像随时都会瓦解奔溃，化为齑粉。

据联合国报告，离乡进城的农民每月高达五百万，成了人类有史以来规模最大的迁徙潮流。不列颠"率先进入工业化"，在这股迁徙大潮中，移居城镇的群体多为两三代之前的英国民众。因而，我们的农村群体在全球最少。现在，多数英国人住在城区和市镇，与天然世界相悖而行，在这事关存亡的关键时刻，我们却对农耕的切实状况漠不关心。

尽管如此，从现实层面讲，我们依旧缚于土地。我们所有的文明都仰赖农业创造的盈余，凭借这份盈余，大部分人无须亲自种粮，而能专注于其他事务。我们不再是工业化时代的奴隶，不再幽闭于"撒旦的阴暗工场"[①]，可是，协同作业的办公间却接踵而至，那里毫无生趣，数以百万的大众仍旧情非得已地缚身于桌腿之上。四五十年前，人们涌入城市似为谋生，不久却会重返乡村回归家园。我们坦露心声，除非无比挚爱的田野景致，除非本色的"自然"世界，我们鲜有所求；小小的村落，小小的农场，小小的

---

[①] "撒旦的阴暗工场"为英语习语，系指英国工业革命时代条件极差的做工场所，语出英国诗人威廉·布莱克为弥尔顿作品所写的序诗。又，下文"苍翠葱茏的怡人原野"亦出自这首诗歌。

茅屋，以及忍冬为篱、悠悠传香的小小农田，成了我们萦绕不去的梦想，除此之外，我们鲜有所愿。

人们惯于将英格兰誉为"苍翠葱茏的怡人原野"，其实，它并未葱茏满目，亦非悦目怡人。曾几何时，那是一方朴野的天地，尽管每一亩土地几乎都为人类所用，可它仍旧不失诸多美好的品质。可是现在，滋养我们的乡村却无复往昔，即使跟二十几年前相比，眼前的一切也面目全非。过去的农田牧场及野生动物几近消失，依托工业化的耕作体系继而亮相，其规模、速度及效能与传统农耕判然有别。事实已经证明，这种新潮的耕作方式提供了惊人的收益，而我们现在也终于明白，它还导致了一场生态灾难。我们对这番变革了解越多，对今日的耕作现状就会越发愤慨，深感不安。这番农耕变革固然造就了今日的社会，我们却难于信任，疑虑重重。

今天，接管农场成了一桩颇为棘手的事情。往后如何打理家中的土地，决定的责任落在了我一人的肩上。五年前父亲去世，开始的那几个月我几乎陷入了绝望。种地为生面临前所未有的责难和挑战。农场的野生动物日趋减少，最终消失，与此相关的负面新闻和科学研究成了电视和电台的播报常态。雨林被毁，江河污染，土壤退化，无数的田野肥力耗竭，了无生趣。新闻报道的字里行间尽是怒火。有史以来，身为农民，我们好像第一次觉得心怀歉疚，好像该为某些事情承担责任。我有点难过,也略感汗颜,认为遭受诟病不无缘由。我返乡务农并非心怀英豪气概,其实跟幼年所愿别无二致,只是觉得如何行动显得复杂难解又茫然无措,而且因为顾虑重重而心烦意乱。英格兰的这片方寸之地前景光明还是结局黯淡,需要斟酌的事情数不胜数,有些干系不小,关乎全局,有些则是每天都有的琐碎小事,如何决定成了我的事情。好多时候我根据常识判断,一无所知就权衡利害且兼顾信念。我突然发觉自己的选择何其有限,自己的见识又是何等地肤浅。我别无选择,只能探索怎么可以种地挣钱又能保护土地。接管农场便接受了挑战,需要在经济和生态之间寻求平衡,身为农民,这恐怕才是问题的关键所在。

人一旦迷路总会折返倒走,踩着先前的足迹就能回到熟悉的地方。初返农场的那几个月我十分难过,每每想起祖父如何种地,据此或能梳理往后发生的一切,以便清楚我们到底错在哪里。我沉思良久:他如何打理土地,怎么经管牛羊,为什么他的世界一派天然?我回味往事,努力揣摩,他的所作所为对耕田种地有何启示。差不多是在四十年前,四月的一天我们正在犁地。尘封许久的一切浮现在眼前,历历在目。四十年听起来不算太长,以农事活动加以衡量,却像重返恐龙时代那般邈远。追忆过去,我或许只能发现传统耕作的若许错误,而或生起怅然若失的怀旧情绪。可是，回首往事我却意有所待，或许能够借以明白，身为农夫我可以怎样种地，必须怎样种地，所以也该那样种地。

※

我坐在拖拉机后面盯着海鸥，觉得祖父好像跟犁铧后面的这些鸟儿同属一体，如果祖父必不可少，则海鸥也同样不可或缺。他们从来就是大地的主人，一如原本就属于这方耕种的天地。他们相与倚重，需要对方。平生首次，我好像无比清楚地发现，我们只是农民，只能谨守本分耕地种田。我们改造大地获取食物，以使自己和别人能够生存。我的祖父执着于劳作，跟脚下的土地、地上的庄稼，以及原野的生灵息息相关。我喜欢他守望田野，融入大地，而我隐隐觉得，跟我们一样的人家并不算多。好多农民，即使我们村上的乡邻，他们所以种地，乃是在跟土地做一桩交易，以求换取另一种生活，好让自己远离农田，远离鸟雀，也远离星空。

早在那年春天，祖父就已经认定，对我施以农耕教育的时候到了。他打算将自己的耕作之道传授于我。其实，自从学会走路跟着大人以来，我对农事活动就一直有模糊朦胧的感受，不过跟这次性质不同。几个月前，他就担心我要生疏了农活。我不爱干活,试着躲进屋子缩在电视前面。在他看来,如果我不肯下地干活,往后就会四处游荡,彻底疏远了农田。我已经长大,得揪离房屋和女性的怀抱,该学习劳作,当个有用的人了。我跟父亲相处不佳,因而对种地有负面看法。我经常试图给他搭手,但总是做错事情遭到呵斥。在我看来他态度粗暴,最好躲远。藏在家里并非难事,可我觉得丢脸,身为男孩,那不是我想象之中的形象。我担心最终会让自己失望。

地头老房子的每块玻璃都有缺陷,都有橡树节瘤那样的涡纹,透过窗户看去,院里的西克莫树、天上的云彩,还有高压电铁塔都变了形状。我心想,田野也该满眼苍白,毫无特色。我喜欢这样发呆傻想,游荡思绪。每逢这种时候,父亲就会呵斥我穿上靴子出去帮忙,大声说他经管的可不是什么度假营地。我走到后门,他就告诉我该干的活计,然后走出院子,留下一个讨厌的背影。在他站着呵我的地方,一个恶心的棕色油滴从橱柜滴了下来。这时我只好盘算,外面下着雨,手冻得发紫,谁会出门给那疯子干活?

一天，我听到祖父对父亲发作，训他对我实在过分，已经让我"讨厌"了种地。在家里，所有的土地都由祖父作主，他很少离开田地，而我很快发觉，和他干活十分好玩，而且效果更好，我宁愿跟他去山坡的地上，也不肯待在家里给父亲帮忙。

祖父好像个头不高，每天总是一身褐色外衣，戴一顶鸭舌帽，头顶光光的，其他头发颇为贴心地围在四周。他在椅子旁边放了罐牙签，经常会从嘴里扒拉点东西出来。在现存最早的照片上，他站在镇上的一座城堡前面，牵着那头让他获奖的短角肉牛。从照片看，他始终显老，好像总是那个样子，不过显得十分劲瘦。他长什么模样我可不在乎，我就喜欢逮机会跟他搅在一起，因为他会讲些吓人的故事，好像总是在干自己喜欢的事情。从那年开始，他要教我地上所有的本事，先从犁那块大麦地入手，告诉我每个季节该干些什么。他心里清楚，让我陪他少许时间，我就会彻底爱上农活。事实证明他没有看错，因为一年之后果然那样。现在，差不多过去四十年了，那年的经历彰显了另一重价值，因为它将一个几近消失的农耕世界留在我的大脑深处。是那段岁月让我走出了困境，成了烛照黑暗的一束光芒。

那年的农耕教育显得支离破碎，对我而言好似拼图组件，始终拼不出一个全貌。这些断片只能慢慢拼构，以使我透彻领会那个世界及其蕴含的价值。我在熟悉古老的耕作方式，由于它已经要从我们身边乃至家中消失不见，我的努力可谓正当其时。我的叔伯与兄弟们的农场状况不错，就在山下十五英里之外。他们拥有新式拖拉机和农业机械，也有气派的屋舍和居室，对我们这种老旧的耕作套路几乎毫不掩饰那份鄙夷。事情一清二楚，在他们那里，世界早已面貌迥异，非复往昔。

祖父那台路虎①停在农场的院里，靠近后门，他坐在车上发动机器，按响了喇叭。母亲催我快快行动，要不他会撇下我不管。我一跃而起，赶紧穿好长筒雨靴夺门而出。我是祖父的"开门员"。拖拉机突突地下了小路，他念念有词，抱怨出门晚了。一分钟后，他在朗格草场的大门前停下，我跳下车来，手脚麻利地开了大门（大门极沉，

---

① 第二次世界大战后，路虎公司设计开发了兼有农用功能的柴油车辆，其实就是拖拉机。

或是用铁丝钩着,得他下车亲自打开)。他开车而去,我随后关门。

有些草场上尽是羊羔和母羊。他得操心让母羊哺乳不出差错,好让羊羔顺利长大。他一眼就能认出哪只小羊跟哪只母羊是母子,也清楚哪只羊羔丢了妈妈,或是跟错了母羊。我们开车绕着他的"小家伙们"(肉牛幼犊)转悠,这些放肆的家伙扬头狂奔,喷着鼻息,活似受惊的角马。到了啃食青草的时候,我们便会打开冬日的厩舍,将它们放入牧场。祖父说看来情况不错,最好由着它们。山下老远的地方,三只背群的羊羔在路上飞跑,咩咩不停地寻找母羊,在想办法跳过围栏返回草场。遇到这种情况,祖父总会提着料桶走来走去,一手拿着榔头,身后还藏着一盘铁丝。他一面让牧羊犬拜恩赶回羊羔,一面动手修补围栏。我们还会打开围栏,把羊群转到另一处草场。他说羊都"有点傻了",父亲本该早就倒场。照他的说法,羊不该在同一处草场再次听到教堂的钟声,意思是说,不能让它们在一个地方吃草太久。

他停好路虎,我们下车后翻过一道长满荆豆的沙梁,去查看别的田地。他大步流星,我跟得很是费劲,就像没法学他那样撒尿,他能像老马尿个不停,可我很快就会完事。他走起路来,每跨一步,脚下的草叶就会沙沙作响,好似镰刀割取那般清脆。他穿一双棕色旧皮靴,穿到最后都成了木屐。那双靴子系着黄色鞋带，祖母用软革防水油擦得干干净净。前往经管牛群时，他会在半路停下俯瞰山谷，各色绿草与黄叶，哪里斑驳相杂，哪里纯然一色，他都要计点一番。山间还能长些什么品种，他也非常清楚。一路走着，他会告诉我，作物和牲畜都会依据习性逐年循环，料草始而破土，继而生长，最终储藏，饲畜先要喂养，然后出栏，或是宰杀，或是出售。十年，或是十五年之后，我从别人那里得知这类行话：我家的农场套路老旧，"作物不纯"且"往复轮作"。对祖父来说，为农事活动赋以称谓纯属多余，因为他身边的熟人本来就是那样做的。

走进农场，身边的东西林林总总，让人眼花缭乱。祖父种了四五块干草，一点青料，还有两三块大麦（其中就有不久前帮他犁过的那块）。地头是刚种的燕麦，那是马匹的饲料，旁边是喂羊的蔓菁，接下来是供我们食用的十来沟土豆。再远一点则是"成片"的豌豆和其他豆子，是为牛羊准备的另一类冬料。好像这还不够，为了讨好祖母，他又不情不愿地种了几行白菜、莴苣、胡萝卜和洋葱，每年开春，总会骂骂咧咧地拿着耙子整地。那一两年，他在地上和圈里又养了不少禽畜：几头奶牛、一头肉牛、三种绵羊，以及猪、马和下蛋的母鸡，另外还有为圣诞节养肥待售的鸭子跟火鸡。在我看来，祖父清楚怎么种植各类作物，怎么经管各色禽畜——他就是个农场万事通。

一天他跟我说，千万别让他种的那些给搞糊涂了，他的做法其实相当简单。"犁铧破土，惊天动地"，他说道。耕地种田犁铧为王，其他工具均为辅翼。为了种庄稼，他得犁地"翻土"整出苗基，也把往年的残茎断秸埋进土里以防再生。他租田耕种，犁铧成了"整"地的主要农具，二十世纪三四十年代他还年轻，从那时起就一直扶着马拉耕犁，穿着平头钉靴，在犁沟中深一脚、浅一脚地走来走去。

祖父赶着马儿，手扶耕犁，对世界的感受跟坐着拖拉机的晚辈有所不同。他对家中的土地了如指掌，好像那就是他四向延展的身躯。土中埋有石块，犁铧便会为之一震，那种感觉既在手上也在脚下。跟着马儿走在地上，将草根、生土和蛆虫翻到外边，那是目之所见，耳之所闻，鼻之所嗅，也是双手直接触摸的感受。他跟脚下的泥土亲密无间。种地向来十分艰辛，需要投入很多时间，有时也不免觉得乏味，可我从未听他抱怨过只言片语，从未听到他叫苦叫累。

四季轮回，寒暑易节，我要么跟祖父走在田间，要么和他坐着拖拉机，一边看着眼前的世界，一边听他娓娓道来。那时撒切尔夫人当政，我还是个小孩，在拖拉机上听他从二十世纪三十年代一路讲起（甚至追溯到十九世纪九十年代,那是他的祖父讲给他的往事)。他的追忆都有马匹的身影。这些故事都有点奇幻意味,因为提到的人和马都已经成了过去,而在那时,他的世界也开始落日西斜,到了暮年。

❧

大自然在漫滩之上隆起了高峻的山丘,一道古老的石墙顺着山梁蜿蜒起伏。我跟祖父走出农场,沿着石墙前往牧场。天鹨倏地飞起,在我们前方蹦蹦跳跳,落在牧场墙头布设围栏的立柱顶端。母羊和羊羔在山谷间叫唤应答。祖父停下脚步,把手遮在耳边,像演童话剧那样,聆听布谷鸟在荒野山林的啼鸣。我在一旁频频点头。他轻轻打开牛圈的木门,牛棚用青色石板和着灰泥砌成,在他嘴里成了"猪圈"。一头黑色的安格斯老牛就要产崽,前一天晚上他就赶进圈里,以便出现闪失及时处置。

透过破败的窗口望去,一头浑身黑色的牛犊卧在门口,沐浴着倾泻而下的一方阳光。祖父蹑手蹑脚地摸过去关上圈门,我也跟在后面。母牛的奶头光亮湿滑,可知小牛已经吃过。母牛给它舔遍了全身,片片湿斑宛若鱼鳞,在阳光下熠熠生辉。老汉跟老牛说话好让它放松警惕,它则低声回应,然后放心地让他梳弄后臀。他轻轻抽拉,衣胞便滑出牛体在地上摊成一堆。他举起旧草叉,把衣胞扔在墙根的荨麻堆上。他走在牛犊身后,说是头公牛,然后扶它站在地上。母牛一面反刍,一面朝他不安地瞪着水汪汪的大眼睛。祖父向我挥手,我知道是要让我打开圈门。母牛走出牛圈,小牛摇摇摆摆地跟在后面,穿过牧场寻找牛群。它每走一步都要停下,好让步履蹒跚的犊儿紧跟上。我跟祖父目送它们远去。母牛径直走向溪边喝水,一边前行一边吃草。几头母牛走来打量幼犊,凑近妈妈嗅来嗅去。其他母牛有些正在吃草,一边咀嚼一边摇着尾巴,有些卧在自己的犊儿身边,不时抖动牛尾和耳朵,驱赶凑在腰窝和眼睛四周的绿色蚊蝇。一头略大的牛犊吃奶之际轻轻顶着乳房,搞得满脸都是奶汁,另一头则趁母牛打盹,绕到后面偷偷抢奶。祖父回过头来跟我说:"看那混账有多过分,这些大姑娘一不留神它就偷奶,难怪肥得像个油团。"

※

时间一到祖父那里好像就会慢下脚步。他会花工夫仔细地观察自己的牛羊,他相信这样做好处很多,因此经常靠在门上,一动不动地盯着畜群,好像一盯就忘了时间。所以,每只羊如何,每头牛怎样,他都掌握得一清二楚。一旦它们发生状况而表现反常,即将发情或很快生产而行动怪异，他都会打个标记。在他看来，只有傻瓜才会匆匆忙忙地跑来跑去，合格的农民会不急不躁，既会安静地观察聆听，也会耐心地闻嗅触摸。他只想把事情做好，而非赶急图快或草草了事。他把我称为自己的"跟班"，过了好久我才明白那是什么意思——他是将我视作学徒而心有所期。犁过那块大麦地后一个星期，我们又回到地上"搜捡石块"。祖父并未说明缘故，现在我才明白，他是要把那块地当作课堂，教我熟悉种好庄稼的所有环节。

※

经过风吹日晒，犁沟已经成了干爽的酥土。祖父让我挂到最低的挡位，开下那块平坦开阔的田地。我随着拖拉机上下颠簸，顺着犁沟缓缓下行，车后的石块越来越多，车头也就变得越来越轻。祖父跟在后面，把石块扔进"载物筐"，那是一个铁条筐子，挂在拖拉机后面的液压臂上。跟他一齐干活的还有约翰，我们农场的一个罗圈腿工人，穿着蓝色的棉布裤子，一头黑发，打着布里尔发胶。石块拳头大小，哐的一声，划着弧线进了铁筐，碰到其他石块就会磕碎。正当我担心撞上地头的石墙，祖父从后面攀上拖拉机，把我轻轻一推就变了方向。他开着车子，有时把石头倒进荒野的坑里，有时倒在路口或路上压实，可以垒墙的中意石块则会拉到相宜的地方以备再用。任何东西都不能浪费，石头用处不少，就像男孩会注定成才。其实我是个孤零零的小孩，总是笨手笨脚，动辄搞得自己十分难堪。面对别人我会局促不安，言谈举止显得呆拙可笑。祖父却不一样，他会让我觉得自己是个重要人物。只要能让他因为我而脸上有光，做什么事情我都愿意，所以，当他开始教我种地的时候，我就学得相当用心，往后想不想当农民也没有关系。

❦

捡完石块，第二天就得耙平犁沟，整出苗基。耙机装有末端上翘的硕大铁齿，两张双人床大小，用铁链系在一起，由拖拉机牵引。耙机咔嗒作响，缓缓而过，地面就会变得松软平整。不一会儿，祖父便说苗基已好，因为耙过的泥土匀细悦目，都能看清道道耙痕，就像手指划过干沙。父亲在地头启动点播机，那是一种外观古老的农具，可以间隔均匀地播撒麦粒，大概三四英寸种上一颗（但愿如此，一有差错就会白费工夫）。播种机驶过，他滑稽地来了一声"可好"，我点头给予回应。

我们祖孙三代一并亮相。拖拉机在漫漫飞尘中依稀可见，驶过一次，播种便告完成。

由于阳光照耀,一个星期后,土壤就蕴蓄了热量。接下来我们就该进地碌压,碾平松软的泥土,把种子藏在硬实的地皮下面,以防秃鼻乌鸦搜寻盗食。其实,这次压地的是祖父,我呢,除了跟父亲待在家里,去哪儿都行,因为一头牛犊腹泻夭折,他的脾气极差。我跟祖父开着机子,巨大的铁碌在身后隆隆作响,只要碰到障碍,满载而行的巨大水箱就会噼啪震晃。早上看了约翰·韦恩的电影,我一面绕地颠簸,一面在回味剧情。他在那部片子里雇了一伙小学生赶牛(大人都去"淘金",一个不剩),后来却给贼人杀了。多亏老天有眼!那帮孩子不但没有垮掉,反倒四处追凶,终于杀了匪徒为他成功报仇。①

田凫(又叫麦鸡)两翼如桨,在我们身旁展翅飞翔,时而翻滚闪转,时而俯冲跃升,祖父便为我讲起了这种鸟儿。突然,他停了拖拉机,慢慢爬下车来,不承想两只脚插进了新耕不久的泥土,于是开口咒骂他那双僵硬的老腿。稍事休息,他便大步流星,双眼紧盯前方。我正纳闷他看

---

① 约翰·韦恩是美国影星,因在西部片和战争片中饰演硬汉而负有盛名,文中提及的影片当为1972年上演的《牛仔》(*The Cowboys*)。

到了什么,只见他弯腰一刨,捡了些东西放进鸭舌帽。一会儿他上车坐好,把帽子放在我的膝盖上。我低头一看,是些鸟蛋,拿起一枚放在手里。蛋热乎乎的,点缀着花斑,活似海边出售的仿卵石硬糖。祖父说,这是麻鹬蛋,麻鹬会在这里的地上筑巢。我们接着发动机子突突前行。等转完一圈,他端着帽子下了拖拉机,又把鸟蛋放回原处,并在地上用手指关节重新拱出一个状似鸟窝的小坑。我问母鸟会不会回来找蛋,他说:"可能会找,也可能不会……不管怎样,我们也只能这么做了。"

我们继续绕地转圈。十分钟后,母鸟飞了回来,若无其事地落进了那个小坑,祖父见状冲我咧嘴一笑。当天晚上,我跟父亲自豪地说起祖父和那些鸟蛋。他说,"老家伙自作多情",难怪我们花了那么多时间。

两星期后,大麦开始破土发芽,小小的绿色矛尖竞相指着天空。几百行幼苗井然有序,祖父走过田间,一派悠游自如,轻松释然。我上学时父亲会到地上撒化肥,那是一种好似塑料的白色粉末。日子一天天过去,富含氮素的大麦越来越高,栖身巢中的麻鹬、蛎鹬和田凫渐渐隐而不显,最终消失在渐涨渐高的绿色海洋之中。

祖父很少去教堂，他觉得本区的牧师是个白痴。可当问起我们种的大麦能不能长成时，牧师却老是跟我说"你最好祈祷"。种庄稼也是一种有宗教意味的活动。农民确实会担心颗粒无收。播种机或许出现差错，鸟雀可能盗食籽种，天气不是太潮就是过冷，发生旱情就会一无所有。就算能够顺利发芽，也会因为病害虫害秧苗枯萎，导致一切最终泡汤。遭遇任何一种灾害，都会让农场的禽畜冬料短缺。

就在上一年，由于天气的缘故，大麦在收割的时候还潮湿未干。等存在厩楼之中彻底晾干时，已经像粪堆那样发热好久。隆冬时分，母牛需要加料时，那些大麦已经黏结成块，彻底发霉。父亲说，等到无料可吃，它们自会接受。母牛盯着霉变的大麦十分嫌恶，躲得老远。我这才明白为什么身边的熟人都在不停地抱怨天气。面对天气，我们无计可施，只能听天由命。

我们总是巴望庄稼长势喜人，杂草尽除，获得丰收，可那并非自然而然的事情，即便果真如此，也是农民心怀切愿，辛苦以之的劳作成果。神灵既会赏给我们丰腴的收成，也能轻而易举地毁掉一切，他为强悍如斯的群体安排了一条艰难如许的生存之道。

我们从大麦田动身,走过地头,前往兔群出没、洞穴遍布的沙梁。大麦种好才三四个星期,就已经有了兔子糟蹋的迹象。从地边沟渠开始的一百码离兔穴最近,禾苗本该五英寸之高,却已被彻底啃光,只剩光秃秃的地皮。祖父叮嘱约翰把兔子"关照关照",要不大麦在夏末时分就没了收成。约翰为人耐心又脾气温和,还能教我好多东西,我便跟着他去了。他和妻子希拉住镇上的统建公寓,房子就在麦田下方。照父亲的话,约翰干农场的粗活是"耽搁"了自己。他细心稳健,生来就是个能工巧匠,手上的活计有多简单都会认真完成。他精于加工也娴于修补,对于如何把砖头、石块砌得又直又准格外上心。只需一段链条、一截钢丝和几个旧钉子,他就能做成漂亮的门闩。

他家的屋后有些煤筐,煤筐边上放着两个笼子,里面就是捕兔的雪貂,在老旧的弗赖本托斯馅饼盒中进食,后门挂着几只僵直的褐色兔子准备剥皮。约翰叮嘱我不要把手指伸进笼子前侧的网里,以防雪貂咬住,一旦咬住就不松口。他却把手伸进笼子,径直从腰部抓出雪貂塞进木箱合上盖子,然后草草挂上皮质肩带,从篱笆的一处豁口匆匆出了家门。他一路大步流星，我想踩着他的脚印，可是根本够不着，需要两步一跳才行。前面一百英尺的地方，一群兔子正在缓缓移动，走走停停，钻回洞口的荨麻丛中。

到了兔子出没的地方，约翰查看了一番洞穴，好像在设法破解迷局。他在荨麻上踩了几脚惊扰兔子，然后相当讲究地堵上几个出口，接着像蜘蛛那般，在隐蔽的洞口张开白色的线网，用钉在地上的手削木桩拉紧束带。他抓出一只雪貂塞到网下，两手交替送进洞口。我们守在外面。看得出来约翰有点担忧，一旦雪貂在洞穴尽头捕获兔子就不会出来。因此，他带了铁锹以备挖掘。雪貂确实会让兔子惊恐不安，逃窜入网。约翰像鹰一样盯着猎网。过了大概二十秒，一只兔子逃命出洞，闯进网里。它被缚得很紧，两眼圆睁，一声不响地躺在那里。约翰立即收网，将兔子逮在手中，抓住脖颈和后腿用力一拧，拧得软骨碎裂作响。兔子一阵抽搐，浑身松软无力，被扔在我身边的草上，不一会儿就没了动静。他又迅速周密地重新布网。两只兔子的藏身之处没法下网，他骂了几声。接着，我们又捕杀了两只。一会儿，雪貂钻出洞来，约翰抓在手里，它耷拉着四肢，脸上还有一丝凶相。他把雪貂塞进箱子，我们穿过已被糟蹋的麦田回家，三只兔子在他的臂弯里晃晃荡荡。

捕杀野兔好多年后,我读了罗马哲人维吉尔的诗句,这才明白我们这些山民拥有一个古老的农耕传统。两千年前,维吉尔写成一本很不寻常的小书,书名叫 *The Georgics*(大致可以译作"农事")。这本小书类似手册,教人们如何当好农民。维吉尔在书中列举了罗马农民常用的工具,计为铧刃、耕犁、耙子、马车、脱粒板、马拉雪车、铁钩、疏篱和扬谷扇。维吉尔说,身为农民,必须操持这些农具在地上"开战"。依照他的农耕思想,我们只能开启智慧,手握农具,从大自然开发生活用度,要不就会一筹莫展,忍饥挨饿。

> 你要不怕麻烦,努力耙除杂草,
> 你要大声叫喊,惊走地上的飞鸟,
> 你要砍去树枝,为了阳光挥动镰刀,
> 也要为了下雨而虔诚地祈祷。
> 否则,你只能白白羡慕别人粮食满仓,
> 也只能饥肠辘辘地摇动橡树但求半饱。

幼年时分我对维吉尔一无所知,可我非常清楚,跟野兔开战规模虽小却漫无休止。这场战争势在必行,这场斗争没有终了。

※

听声音就知道,是那帮家伙落到了牧场上。"啊,啊,啊",我知道这声声聒噪,也清楚它意味着什么:围着死尸叫嚷不休。我们前往牧场,一群乌鸦蹦蹦跳跳,跳过地上的石块,跳到一株低矮的刺玫下方不见踪影。祖父自言自语地骂了起来。羊有折损他十分心烦,乌鸦围着已经死去或即将死去的羊更是让他恼火。他骂老天是个"狠心的老婊子"。乌鸦见他走来便跳上围栏的铁钩,然后落到近旁的一棵橡树上盯着我们。

老母羊卧在地上不停地蹬腿。它的乳房发炎肿大,炎症已经侵入了身体。祖父让我看它的周身如何通过奶路发生了感染。希望是没有了。我都能从它的面部看到血色,那是一点浅红,就像洁白的羊毛涂了挤破的草莓。乌鸦趁它没法站立已经啄掉了眼睛。小羊羔一个月大小,在二十英尺左右的地方盯着妈妈,突然撒腿跑远。祖父说,原本可以趁明早收羊进圈把它抬回去,可它已经瞎了,何况正在受罪。他又说,如果把它撇下回家拿枪,乌鸦又会飞来撕咬,把它折磨得越发痛苦。

他示意我背过身去，掏出刀子在石头上磨了几下，然后抓住羊头，在喉咙上麻利地抹了两刀。我好像听到他在诉说难过和不忍，只是声音轻得不好断定。血喷溅而出，一道殷红的细流冒着热气从创口涌入牧场。老母羊身子发抖，四肢扑腾，缓缓地喘着余息，最后死了。祖父说，先只好这样，第二天早上我们再来处理，其间乌鸦又会放肆，却也不会让它继续受罪。他冲乌鸦大声吼叫，让它们滚远。其中一只微微飞起，像是在打探动静。乌鸦跟祖父是一对宿敌，后来的几个星期，看到它们在农田和牧场的行径，我也开始跟祖父一样对它们满怀痛恨。

生命始而诞生，继而成长，最终死亡，这种循环在我的幼年时期不可胜数。跟祖父在一起，我们不是照看牛羊生产，就是守护打理，要不就为它们过冬置办充裕的草料。他有时候相当温和，偶尔还会非常慈爱，无微不至。为了救活出生不久的羊羔，他会搂在怀里，将奶管轻轻放在它粉嫩的舌头上，小心翼翼地穿过喉咙，把奶汁挤进胃里。可在有些时候，如果事出必需，他又显得无动于衷，甚至有点残忍。他是有心狠的一面，却不会因而羞愧，也不会为之不安。在他看来，死亡和宰杀无非生活的常态。尽管如此，他却会严守处事的底线。即使明天有只动物就要宰杀，今天竭尽所能地照管到家让它好好活着，仍然是我们该做的事情。对待禽畜得心存善念，也得勤谨周到，若非如此，则被视为无耻的恶行，不但在浪费工夫，虚耗心血，也是在糟蹋生命。生死各有时段，各得其宜。祖父宰杀时手脚麻利，显得郑重其事却又不会过分流露感情。由于自主宰杀而且目睹其事，他对肉食有一种敬畏心态。他教导我们切莫扔弃一丁点食物，连熏肉的那点表皮也不能浪费。不管有人傻得过分或是富得离奇，能够听任野兔糟蹋庄稼，还是有人道德高尚，境界超拔，认为迫不得已也不能捕杀野兔，他都会困惑不解。他寄身于天地之间，宛若亮相登台的演员，一直在奋力打拼以求守住自己的那方阵地。他是直立的猿类，并非下凡的天使。

五月来了，麦田四周环渠而生的山楂树白花吐蕊，群蜂嗡嗡。每逢下雨，燕子总会在屋檐下翻飞觅食。牧场的犍牛有时在树枝上挠痒蹭背，有时在绿荫下偷闲纳凉。暮春时分意味着农活更多，不过祖父说都是些不错的活计，因为动手就能见出成效，不像冬日那样，每天都在累死累活地机械重复，几个月前我就熟知情况也吃过苦头。母羊和羊羔已经挂签标号,剪短尾巴,种好牛痘,父亲和祖父终于可以歇息片刻,只需干些零活,修补修补寒冬所致的各种问题。

一天,白如棉花的云彩竞相飘荡,隐入远方的荒原,天空澄澈如洗,一派湛蓝。父亲前往远处的拍卖市场探查行情,以便了解"哪种绵羊走俏"。祖父说他"有点豁口需要收拾",我就跟他去了。沿着我家的田界一路走去,我们好像巡视地界的古代部落。

走过三块农田,我们来到"长条地"的下方。未知冰雪肆虐,还是羊群捣蛋,地上的界墙因一两块石头掉落而最终松动坍塌。有些石头滚得很远,祖父让我搬回来,跑一趟搬一块。他说,石头撒在草场上会损坏机械,会让割草机像吞了地雷那样上蹦下跳,左摇右晃,所以,得趁牧草尚未长高清理干净。祖父的做法表明,可以像玩拼图游戏那样用石头把豁口完美地补上。他先认真挑选,把可以封顶的石头放在一边,其他石头用来垒墙,又根据外观,把垒砌墙外和墙内的石头分开。挑选之后开始行动,他不怕麻烦,把蒙有苔藓和地衣的一侧垒在外面,最后用表面平整的石块封顶收尾。

石堆中有个断掉的陶质小烟斗,还有一个破旧的绿色瓶子,可见好久之前有人就在垒这段石墙。于是,祖父提起了他的祖父,说他怎么成了一个出色的农民,说起他的福特汽车，又说起因为女儿照看羊羔而且做得比雇工都好，所以他给她奖了一块金表。说到当年地主的儿子时，他笑了起来，说那人找了个开水泥搅拌车的"正式工作"，一次却把车停在酒馆前面跟一群酒鬼厮混，几个小时已经灌得醺醺大醉，等他走出酒馆，车上的水泥早就成了硬块。

这些往事饱含教益，让我明白我们属于哪一类人，又不属于哪一类人。他让我铭记，石墙里面是我们的天地，我们必须辛勤劳作以求兴旺。他说，农民是好是坏，土地和庄稼就是见证。如果我们地上的大麦、蔓菁和干草肥硕丰美，我们的牛羊膘肥体壮，能在茂盛的绿草间往来采食，那就说明我们是"合格农民"。可是，如果地力耗尽，杂草丛生，石墙倒塌，牛羊瘦弱又病虫满身，不管怎么说，我们干得都很"差劲"。

忙了一两个小时，他开始封顶，我发觉有什么情况引起了他的注意。他转过脸盯着野草蔓生、高矮不齐的地头，手里的石块停在半空。见我还在干活，他碰了一下我的手臂让我不要出声，然后指着他的耳朵让我明白他听到了动静。"什么？"我轻声问道，他用手指碰了一下嘴唇。一只刺猬翘着鼻子，出现在地边的荒草丛中！它没有发现我们，活似维多利亚时代的妇人撩起衬裙一路小跑。跑到祖父脚下，它大大咧咧地嗅了一阵，攀上他的靴尖，然后回到地上，又消失在地边的草丛之中。我笑得前俯后仰，祖父兴奋得像个孩子，用童话剧腔调一本正经地说："蒂吉·维英克夫人①在打理洗衣间呢。"

※

那些石墙界定了我们的农田和草场，也基本框定了祖父的生活天地跟观念世界。墙外的事归别人操心。我们跟地邻相与约束，有共同认可的处事规范。虽然我们会偶尔合作，但地界之外的所作所为是他们自己的事情。对我们种草养殖而言，石墙、树篱和围栏至关重要，土地如何支配，我们可以借此派上五花八门的各类用场。我们的农场有三四十块地，不过多数地块很小。在祖父眼里，每块地各不相同，乃至都有个性，都有前尘往事，这些故事连缀成编，最终成就了一部史诗。这些田园诗篇因他的讲述而鲜活生动，也因为我们的劳作而活力四射。熟悉地情，掌握其脾性和需求十分关键，能种什么，不能种什么，都取决于这些因素。土地所产也是这些故事的一个方面——有些收获就是庄稼，比我们所知的任何成就都要丰腴喜人——连我们自己都有点纳闷：这到底是不是神话？

---

① 蒂吉·维英克夫人是个童话角色，一只以洗衣为生的刺猬，系英国作家比亚特丽克丝·波特的儿童小说《蒂吉·维英克夫人外传》的主角，作品出版于 1905 年。

有块地让祖父叫作"城梁",他说,跟别的地相比,这块沙土地"更缺吃的",需要大量追施发酵充分的草粪加以改良。秸秆铺进牛圈,跟牛粪相混,过上几个月就是最好的草粪。"底梁"种的蔓菁十分恐怖,块头大得像个足球,那是太阳散发热情的成果。"八亩地"的庄稼在干旱年份相当喜人,可是地上尽是黏土,天气冷湿就会"温温吞吞",不再发力。所有土地既有本自天成的起源,也有假以人功的历史。他说有人在"鸟兽地"边栽植树篱,有人在"铁路田"旁开挖水渠,总之,地方不同,遭受的侵害就五花八门。他还说起一对奋力挣扎的贫苦兄弟,两人曾在"默里克斯"布设围栏,哥哥扶着杆子,在大锤夯击的间歇都会抓住杆头摇上两下,看看是否已经栽牢。可有一次弟弟一时分心,一锤下去,哥哥的手就成了肉饼。我喜欢祖父讲的故事。有了这些故事,农田就是剧情迷人的一方舞台。

六月,大麦已经高可齐膝。有风的日子,银绿的麦浪此起彼伏,掠过田野。地上的活暂时不多,我又成了学校的俘虏。一天早上,我跟一群孩子站在教堂边等候校车,闲着没事,便拿起石头打树上的松球,正在这时,祖父朝我们走来。他手持牧羊杖，带着牧羊犬，把几只羊赶到牧场后正要返回农场。他已经清楚我在瞎闹，我不想让他觉得我跟其他人一样是傻瓜，因此后退几步离开人群。所以这样，可能还因为我知道接下来会发生什么，不想让身边的那些人望着他的后背嘲弄讥笑。他停下脚步，问我最近在学什么。我告诉他，据说在学关于行星的知识。他说自己对行星所知不多，只知道太阳是怎么回事。接着告诉我，随着寒来暑往，太阳在我们村庄上空的运行轨迹也在变化。他举起手杖指向东南，指向冬日最短的那天太阳在地平线升起的地方，"看那里，它就从那里升起。"他说。接着拿手杖在头顶比画出几道小小的环线，陈示太阳在短促的冬日如何运行，解释它与季节相应相符的变化轨迹。太阳走过大地，他便随之挪动，在我眼中，他好像已经化为一条巨虫。他反反复复，拿手杖在头顶画圈，是想让我知道太阳如何走过天际，让我知道它是多么壮丽的一道奇观，也指望我能在今天学点有用的东西，不要在学校里浪掷光阴而一无所获。最后，他画的小小轨迹停在西北的荒野之上，那是太阳落下的地方。祖父在我眼里就是英雄，可他分明已经过时，硬要说他合乎时宜也很不容易，虽然当时我不知道应该如何形容。他属于另一个时代，跟大部分人越来越远，鲜有交集。

年龄稍大的孩子很没礼貌，由于回头去拿书包，搞不懂眼前的一幕：这老傻瓜为啥站在二十英尺开外，像个行动迟缓的疯癫武士，手拿东洋刀对着天空一气乱舞，对着他的孙子喋喋不休，有人为啥居然会听他大谈日出。我也不解其故，却喜欢他对天体精准如许的这番解释。讲完后，他拍了拍小狗拜恩，说他没有工夫谈天，然后冲我咧嘴一笑，叮嘱我"不要胡闹，免得留置误了暑假"，说完走下大路，哼着小调离我而去。红色的小巴到了，我们纷纷上车，屁股沉沉地砸向座位。过了一两分钟，车又停在统建公寓前拉了几个孩子。远处，灰色的卡车连成长串，在高速公路上爬坡，一列柴油火车冒着黑烟隆隆驶过。透过指痕斑驳的车窗，我看到太阳冲破层云，大放光芒。

※

我们小学的老师慈祥和蔼，心地善良。有个农场来的孩子名叫布莱恩，老师们允许他在学校菜园里属于他的那份种了大麦。布莱恩对他的大麦备加呵护，好像一不小心就会败坏他家种地的声誉。每到课间，他总会薅除杂草，精心打理。暑假前夕，老师带我们查看各自的地份，眼前不是已被彻底啃光的可怜莴苣，就是遭受病害萎谢枯败的一点土豆，而或孱弱细瘦、即将结籽的胡萝卜，其他地块则杂草蔓生，一无所有，让人扫兴。而在这时，布莱恩就会自豪地站在他的麦田旁。他的地上绝无杂草,满目银绿的大麦高可齐腰,和着微风轻轻摇摆。

※

暑假总共六个礼拜,感觉长得没完没了。每天下午,我如果未曾失踪就在跟朋友玩耍,而在这时,家里就会打发我赶牛进圈准备挤奶。我跨上自行车赶往草场,碰到最陡的路段就会左摇右晃地奋力蹬车,骑到坡顶后彻底放松,任由车子滑行而下。我们放牛的这座小山名叫布尔温斯,山上崎岖不平,是块没有圈定的公共用地,有条小路顺势绵延通往邻村。牛群在临时围场里吃草,围栏通电,那是高约三英尺的一条细线,拉在铁桩上面,铁桩间距二十英尺左右,桩头有绝缘的塑料丝帽。牛站着等人,甩着尾巴驱赶蚊蝇,奶包胀得滚圆,大声吼着要求放行。我走到生锈的配电箱下面给围栏断电,手靠近电闸就紧张得直打哆嗦。电闸接得十分糟糕,线芯都露在下面,以前我就被打过几回。一旦不慎将手指放到离闸半英寸的地方,就会碰到电线遭受猝然一击。一次我以为已经关闸而实则不然,当我抓住电线,打算松开挂钩把牛放出草场,一股电流让我怵然一震。有只牧羊犬一次在线上撒尿致使漏电入地,就像挨了一枪那般拖着惨叫跑得老远。配电箱破损已经有些年头，却从未有人打算买个新的。一旦合伙做事，人们的想法就心照不宣，所以总是拿已有残损或略加维修的东西应付了事。照我们的说法，就是"凑合着用吧"。

布尔温斯花草遍地，既有疯长的野草，也有白色、粉色和黄色的野花，还有紫色的毛头刺蓟与高矮不齐的荆豆树丛。那是一方尚未完全开发的荒野，这种地方当年不少。为了能在这里放牛牧羊，祖父给两个不同的地主都付了租金。本地老人觉得那是"牧区①"，属于大家，一向如此。据有农场的本地乡绅却认为那是他们的地方，并且申明已经登记造册，合法合规。我不清楚个中是非，祖父却从来不想无谓地惹事，他说其实相当简单，照顾两边的面子，象征性地支付双份租金就行。牛群吃完一处，他会拔了铁桩更换围场，好让旧场休养生息。新场总是绿草如茵，没及牛膝。放眼这片公地，但见野草各色相呈，深浅有差，展示了草木新生的不同阶段。现在的这个围场草叶微绿，牛粪斑斑，已经很难采食。草地上蹄印纵横，只剩无法食用的荆豆和味道苦涩的千里光，不时可见几株刺蓟和少许荨麻。

---

① "牧区"语涉双关，本句侧重宗教意蕴。照基督教教义，人类是上帝的羔羊，所以需要"牧养"，因而，摄任此职的人间角色获称"牧师"，"牧师"的管辖范围名之"牧区"，"牧区"用地当属公产。

那年夏天,祖父教我对千里光不要留情。他跟其他农民都很讨厌那种玩意。他说,千里光对食草动物有毒,都能让牛中毒而死。对他来说,连千里光的黄花都成了受人鄙视的代名。如果耕种不善,地上长满这种杂草就只能撂荒弃耕。他"招募"我和表弟将千里光"斩草除根"(也是我在礼拜六不可或缺的宏图伟略),告诉我们拔除一株付薪十便士。他说,绝对不能遗留残根,要不还会再生。拔掉的千里光要聚拢成堆以待焚烧。

我们向山头开进,展开行动,把公地上的那类黄花扫荡一空。祖父估计我们干不了多久,没想到我们却超过了他的预期,更不用说这份活计很累人,所以十分自豪。他认为我们会找各种借口,干一两个小时就会开溜,可是我们一直坚持到了最后,直到把活彻底干完。我们双手蜇伤又染成了绿色,接连几天都有怪味。我们并未拿到预料之中绝对到手的几百英镑,只有五镑供我俩平分。祖父随后带着草叉到了山上,用拖拉机把那堆枯草拉回焚烧。我呢,则奉命赶牛回家。

路上凉风习习，牛群跨着大步下山回家，苍蝇跟在后面，腾起了一团黑色的烟雾。牛使劲甩击尾巴，还十分费力地把鼻子凑近腋下以图抹死苍蝇。它们一边走路，一边冒出微泛草绿的牛粪，在路上留下状如螺纹的串串斑痕。牛粪会像煎饼那样在路上烘焙，干透之后剥离，就会扯起路面的一层柏油。我骑着车子得躲开牛粪，还要通过脚踏掌握平衡，以便尽量骑得够慢可以跟着老牛。燕子乘着微风，在小路的叶丛之中点地掠飞。路旁下去三英尺，长满白花盛开的峨参。峨参在祖父嘴里成了"基什"，那浓郁的茴香籽气味弥漫在空地上方。下到半山有一片小小的树林，朋友们正在那里搭建洞穴。我难禁诱惑，也想过去玩上一阵，却又没法撇下牛群。我们常在村民扔弃的脏乱废料里挖洞，有时也在垃圾堆上玩耍，因为人们会把废旧轮胎、电视和床垫扔在那里。我们还在树篱上采集酸果当作"食物"加以储存，只要不知深浅咬上一口，那泼辣的酸味登时会让唇舌麻木，口齿不清。

❦

到了山下，牛群就该穿过大门进入畜栏，可它们却掉头而去，冲向村里的一片绿地。父亲就在畜栏后面，目睹此情过来帮我。"开什么玩笑！"他大喊一声跑了过来，一面拦在牛群前面吆喝，一面手持一截皮管使劲抽打。他的那条狗兰西也跑来帮忙，又是撕咬蹄腕，又是阵阵狂吠，终于把牛全都赶进了畜栏。

后来几年，村里的面貌有了改善，变得整洁有序，奶牛踩坏部分绿地或是弄脏道路，都会使其他村民跟我们关系紧张。可在我小时候，谁都清楚奶牛会在雨天踩毁路沿，也会将牛粪留在路上，而且清楚向来如此。我家的畜栏配有水槽，几年前，村里养牛的人家都能赶牛饮水，随便出入。

❦

尽管父亲像旧靴子那般性情粗豪，可他很喜欢自己的奶牛。此前一两年，也就是二十世纪八十年代初期，他还养着八十头黑白相杂的花毛奶牛，那是弗利西亚品种，背脊肥硕，四肢粗壮。从五月到十月，整整半年时间，这些奶牛都在户外的牧场上啃食青草。其余半年，也就是十一月到次年四月,便在厩舍中饲喂干草。可是父亲只能忍痛卖掉他心爱的奶牛,以便凑钱买地,因为我家荒山农场中间的那块地正在出售(现在我们恰好居家于此,在当年唯有鸱鸮寄身、蜘蛛结网的一间仓房之中)。夹在自家农场中央的土地难得出售,他便觉得即使没钱,也得设法买到手里。

即便如此,由于喝了一辈子自家奶牛产的牛奶,父亲根本不愿搭理商店出售的乳品,在他眼里那是些十分糟糕的东西。他说那东西"稀薄如水"而且"掺得乱七八糟"。他把脱脂或半脱脂的乳品叫"鸽子奶"。所以,他还留了几头老牛,而它们产的那点牛奶不要说"供家里饮用",连奶牛育犊恐怕都成问题。挤奶用一个小小的电动装置,将牛奶倒出"元件"(其实就是个奶桶),不但黏稠温热,还会腾起泡沫闪着油花,而元件内壁会立马敷上一层黄色的奶脂,要想内壁干净就得经常刷洗,自然是越勤越好。从附近草场尾随入圈的苍蝇经常会命丧奶桶,捞出之后还在黄色的泡沫里垂死挣扎。电器一有故障,我们就动手在桶里挤奶。我喜欢奶液喷出奶头,射入桶里泛着泡沫的温热牛奶之中,那番冲击不但泡沫四溅,而且柔和悦耳。

父亲的宠儿是头弗利西亚牛,那头牛脸盘很大,十分友善,反刍的时候毛茸茸的大眼睛乌黑闪亮。父亲叫它"老黑",说它"怕是二十岁了",尽管好多年已经过去,他却从未改口,反正老黑还是"二十岁"。这头牛挤奶的时候很是温顺,不论是谁操作,它"只管奶汁涌出"而从不踢踏。除了喜欢老黑,他对老黑的挚友"白雪"也不离不弃,可白雪"纯粹是个泼妇"。一次,我在牛圈门口就被它踢翻,只能说我运气太好,还没让它踩碎肋骨。我翻起身来,父亲吓得面如土色,说只能卖了这牛,要不我"就得明白,出入牛圈要格外麻利"。它目露凶光,既会扬起尾巴抽我,也会怒气冲冲地踢踏腋下骚扰的苍蝇。父亲说我得"制它"。他常常紧贴牛身,用全身的重量挤得它没法扬蹄,乃至到了将它半个身子抬起的地步,然后他会放心地伏下身来,把一收一缩的吸嘴扣在它的乳头上面。每年产崽的时候,白雪就会格外危险。犊儿出生头两天,不管是谁多盯一眼,它都会怒吼示警。父亲会让我躲远。一两年前,农场的一只猫不知道天高地厚,居然从它的犊儿旁边走过,结果妈妈发威使它毙命蹄下。那只猫横在水泥地上,眼珠儿都进出了眼眶。父亲为啥留着白雪无从知晓,我只能说他做事经常有点随意任性。

❧

现在我才明白,农场上下动物出没,破败杂乱,父亲和祖父当年拼尽全力也无济于事:老旧机器在草料场上随处可见；荨麻齐胸之高；废弃的采石场荆棘丛生，活似童话故事里城堡四周的景象，灰腹红雀在其间放歌，腹身的羽毛光彩绚丽；农场顶上，朽坏的树桩从未挖掉，现在已成碎末，到处是红蚁的巢穴；牛群吃草的公地边上杂沓不堪，几近荒芜；乃至，连大麦田和燕麦地上也出现了成片的罂粟和野草，牧场上刺蓟遍野，六月将尽，干草场野花蔓生，备感苍凉。

祖父向"长田"开进，一路抖落露水，示意我跟在他的身影之中。晾晒干料的牧草尚未收割，我们还能消闲一阵。早饭时父亲说我们最好现在收割，像邻人那样"着手"。祖父说那样恐怕不好，他先"带上孩子"看看再说。到了草场，他一扬手就把粗呢夹克扔在石墙顶上，脱得只剩一件汗水浸透的网眼背心，小臂都是棕色的粗皮，由于一直穿着条子布棉衫，大臂则是乳白的肌肤（在学校里，镇上的孩子把这种肤色叫"农民黑"）。他摘掉帽子，头发在光秃秃的头顶四周摆来摆去。他走进草丛，像只老苍鹭那样半伏腰身，反反复复拿起东西察看。我清楚，他正在教我。

一两分钟后他走出草丛，手里拿着一把野草，像扇面那样摊开。他说，我该到认识牧草名字的时候了，于是指着每个品种一一列出名字，我隐隐觉得需要用心记住。那是羊茅草、梯牧草、剪股颖、鸭茅草、绒毛草、黑麦草、粗茎蓝、黄花茅和狐尾草。他说，每一种草木都能给出色的农民透露若许信息。如果牧草和庄稼长势不错，那就说明土壤肥腴，"经管有方"。即使最糟糕的东西，比如"杂草"，也能说明草场正在退化，由于透支过度已经损耗了养分。羊茅穗粒沉沉，宛似燕麦，在他粗糙的老手中上下晃动。看他的神情，分明在说，用心观察，好好学习，身为农夫应该了解这些必需的信息。可我正在思忖头顶的云彩，因而心不在焉，后来好多年早就忘了那些牧草的名字。

回家的时候，祖父一路嘟嘟囔囔，说牧草根本没有长好，现在还不能收割，父亲催促是因为耐不住性子。我们会像往常那样，过几天再收。回家后，父亲却说祖父还活在过去，现在，我们都没法像往年那样找到割草的人手，可奶牛吃青储饲料偏偏更好。他说，我们种地还是"五十年代的那副狗屎德性"。

我挤在路虎后边，牧羊犬的口水滴溜在我的腿上。那天礼拜六，我们前往祖父的农场干活，顺便给羊羔打虫。父亲跟约翰坐在前面，一路谈论着足球，途经农田和农家，都会指指点点，来上三言两语。

"那块地干净。"

"他们炒股赚大了。"

"他跟另一个哥们儿给按到了床上。"

"需要公羊他就喊价，叫个没完。"

"她是很可爱。"

"半个庄子都是他们的。"

"英格兰北方再找不到比这好的奶牛。"

"他可闲着没事。"

"纯粹茅坑。"

"就他聪明？懂个狗屁地皮。"

车上拉着几麻袋羊饲料、架设围栏的木桩和几圈钢丝，装有榔头和铁钉的桶子，以及少许围场栏杆和用以标号的颜料盆。我夹在中间。两处农场之间需要半小时的车程。以前赶往农场，途中所见只是飘忽而过的一抹绿色，对我毫无意义，可是，自从那年夏天开始，一切都显得迥然不同，我正在接受农耕教育，开始明白那些土地到底意味着什么。那时我还对此一无所知，不过，我的生命之旅成了那段经历的逼真写照：始而前往荒原，继而步入歧途，最终作别现代社会，重返古风仅存的原野和农田。

行程过半，我们已经走过镇子附近的平旷地段，那里的土地与时俱进，农民变得阔气，劳作的思路已经非复昔日，着手于快速出栏的新式奶牛，或是地块超大的谷物和大麦。从父亲和约翰的交谈可知，跟我们那里相比，这些田地收成更好，农民也十分富裕，这让我们又是羡慕，又是嫉妒。我已经知道这里地平土深，都是好地。不管车库还是地上，都能看到硕大的拖拉机和闪闪发亮的农机具，宏伟的谷仓和高大的牛棚拔地而起。听父亲他们在车前面的谈话，能感觉到这些河谷地带的农田已经变成了另一种东西。他们说些什么我并不全懂，有一点却听得十分清楚，这里发生的一切也会出现在我们那边。面对这些，父亲似乎有点紧张，好像我们会让这些引领风气的农民抛得越来越远。我们根本没钱置办眼前的一切。

我们在镇子外面的盘旋路口折转向左，前往西边的湖区荒原，身后是灰蒙蒙的工业区、高大的饲料厂、鸡雏内脏食品厂和高速公路岔口。由于公路盘山而上，我们便驶离最美的地段，最终经由一条小路进入了山谷。祖父的农场就在那里，安静地卧在两个圆形丘陵之间，进入山谷便意味着进入湖区。我们在草甸之间迂回而行，游目四顾，但见榛莽丛生，湖水扬波，草场从松软的谷底缓缓而起，延及林木相蔽和人功未施的山坡，因牛羊采食而变得参差不齐。这些草场似乎封存于时间的洪流之中，仍旧执守古老的农牧之道。

跟祖父相处的时间越来越多，我渐渐发现，他的荒山农场几乎没有一丝半毫的"发展"迹象。那是一方美得惊人的天地，身边做工的熟人纵使有多麻木呆钝，有多漠然无谓，也会忍不住啧啧赞叹。这个老式农场好像对所有人施加了法力。农场上到处是活，前些年，只要几个熟练的男工和女工就能解决清楚，现在父亲却在犯难，这些人都了无踪影，何况祖父已经年迈，所以他只能四处奔走，尽量同时照顾两处农场。他经常在两地之间往来穿梭，天色已黑还在剪毛，次日清晨早起挤奶，然后前往远处租入的牧场，给阉割的小牛趁早敷药，然后狼吞虎咽地吃过午饭，然后给大麦打药施肥，然后尽快回家给牛挤奶，然后修补围栏，以防再有绵羊逃出。他已经精疲力竭，而情况已经有了变化，我不清楚父亲是否明白形势，奋力跟上又该多难。约翰也上了年纪，只能干些轻活。何况不出几个月他就要离开农场，给本地的一个建筑工头干些零活。情势如此，就得母亲和我来添补这些人手空缺。

✿

　　此前三十年，每到六七月份，就有六七个人扛着长镰前往牧场，挽起袖子砍掉刺蓟。现在，只剩祖父和长镰，父亲和拖拉机，我和一把小小的镰刀。牛羊不吃刺蓟，所以，如果刺蓟长得壮硕密簇，它们几乎没法啃食下面的牧草。上苍要使农田复荒就让刺蓟蔓生，致使农民种地无望。刺蓟会毁掉牧场。

　　如果地上石多坡陡不宜种田，加之田埂过大峰梁太险，拖拉机没法驶入，就会永远辟为牧场。这种地方往往刺蓟蔽野，高可齐胸。所以祖父会带我前往那里动手砍倒，与之相比，能用拖拉机清理的耕地零零星星，只有少许。

✿

　　每过一两分钟，祖父就会停下来喘气。刺蓟倒下会抖落蛆虫，燕子跟在后面左右翻飞。它们宛若星际战斗机，在我的旁侧拍打双翼，咔嗒作响，近得几乎碰上了面颊。

　　祖父把唾沫啐在灰蓝色的磨石上，沿着宛若新月的长镰锋刃磨了起来。经过磨石的砂面打理，镰锋就会露出铁质，明亮耀眼，变得锋利。他一边磨，一边用指肚在刃口轻轻刮抚，看得我心惊胆战。见我如此紧张，他神气活现地笑了起来。镰刀磨得像刻刀那样锋利他才会满意，然后把磨石塞进口袋，抬起镰刀重新干活。很快，镰柄随着扭动的腰身左右回旋，动作十分标准。他挥动镰刀，周而复始，割得相当轻松，一次割取的幅面大概六英寸。镰锋偶尔碰到藏着的硬秆，就会打乱节奏，惹他骂上两句。他的衣衫沾满了蓟刺，镰刀也染上了绿色的蓟汁。二十英尺开外，一只金翅雀轻轻地落上紫色的蓟冠，随着蓟秆前后摇晃，啄食蓟缨就把娇小的金翅展为直线，在日光下熠熠生辉。我在来回猛砍，手中的镰刀成了砍刀。一下，两下，三下，刺蓟越过肩膀，或是倒在左方，或是倒在右侧。脖颈有汗水流过，让蓟毛弄得很痒。我的手臂和脖子让太阳晒成了褐色，半长的头发沾着蓟毛成了淡黄，活似电影《大白鲨》中被拉到海滩示众的那帮孩子。镰刀的木柄在拇指上磨出了水泡，如果一次要砍好些刺蓟，蓟秆就会挂住镰刀往后一震，把手腕扭得很疼。那边的地上，父亲开着拖拉机，后面拉着牧草收割机，两片锋刃旋转飞舞，嗡嗡作响，在地上留下三英寸之高的残茎。拖拉机偶尔撞上石块就一声嘎巴，车窗里也会飘出两三声咒骂。

　　祖父跟我说起，二十世纪四十年代他刚接手的时候，这块地打理得有多糟糕，除了满地的刺蓟、破败的围栏和到处可见的石块，地上几乎一无所有。他忙了几十年，现在才算"有了起色"。其实,这场战斗没法打赢。再过一个月,割掉的刺蓟又将故态复萌,种子乱飘。

🌱

八月,大麦开始转色,渐渐染上了成熟的金黄。等到脱水变干,麦芒便会泛出银白,麦穗也会低头下垂。祖父常把麦穗放在手里揉搓,揉得只剩麦粒,就拿起一颗放在嘴里轻咬。这时,他会让我学他尝试一番。大麦还没成熟的时候,麦粒饱含湿软的乳白汁液,一经太阳照射,过些日子就会变硬,他使劲一咬,像铁凿那般破为两半,然后轻轻地吐在掌心,麦粒当中致密的面粉清晰可见。这时,他知道大麦已经成熟,可以准备收割。平生首次,我因为一种庄稼而感到自豪,那是由于耕种经营我不但曾经搭手,而且清楚,这份远期的收获倾注了多少汗水,又寄托了多少希望。几天后,我们的校车沿着一条小路驶下山坡,麦田上方出现了好多黑点,我知道那是什么——心里突然一沉。

🌱

父亲沿着树篱一路大步流星,走过叶片蒙有银灰泥斑的矮树，直奔麦田而去。很快，前方的麦田鸦鸣回荡，上空鸦群盘旋，好似阴云。地上有个稻草人，穿着父亲的结婚礼服，腰上捆扎一圈绳索，乌鸦早就视而不见。几天前，父亲还在地上放了一个用以惊吓的机械装置，它们仍旧置之不理。乌鸦相当狡猾，这类招数根本无济于事。它们饿疯了，用翅膀扑倒成片的大麦盗食麦粒。父亲考虑射杀两只，吊在地边的临时刑架上示众，打算惊走乌鸦保护庄稼。

父亲单肩耸起，挎着那支十二号弹丸[①]的滑膛短枪，并将枪弹塞进口袋。地上大麦齐腰，他示意我不要出声，悄悄跟在后面。几只乌鸦盯着我们，他骂了两声。它们展翅飞走，以粗厉的叫声向同类示警。父亲顺着麦田悄悄前行，躲开树篱和山梁之上的乌鸦。耳边传来含混的尖叫和刺耳的叩击，说明前方不远处就有鸦群在享受美餐。可是，我们刚一露脸，它们便掉头而去，飞入天空。那是几百只秃鼻鸦、小嘴鸦和寒鸦，在天上乱哄哄地挤作一团。它们始终惊恐失措，却又始终在一百码以内的地方。我猫着腰，缩在父亲后面，跟他一起藏在麦田之中。他举起枪管指向天空。他说我们纯粹在浪费时间，乌鸦会在教区上空盘旋，飞向麦田的另一头，落在白蜡树上耍弄我们，我们不走就

---

① 所谓十二号弹丸，系指一枚枪弹为一磅铅块的十二分之一，换言之，一磅铅块分为十二等份加工而成的枪弹。

一直耗着,最后回来享受那该死的美餐。不过,有几只秃鼻鸦可真够脸厚,竟然又飞了回来,想看看我们的头顶到底有多邪乎——其实不知道我们就在那里。父亲紧握枪管,纹丝未动。空气十分紧张。除了乌鸦拍扇翅膀,周围一片寂静。两三个黑点从高空渐渐逼来,先头的那只飞得太高,没法开枪。不过父亲仰直了身子,几乎压到了我的腿上。那只乌鸦舒展双翅,缓缓移动,可还是很高,高得成了一块黑斑。父亲轻轻扣动扳机。枪托使他一震,都传到了我的身上。枪弹已经出膛,可他仍旧瞄着准星。空中弥漫着一股火药气息。高高的天上,那只乌鸦抱着翅膀成了一团,随着一声闷响,掉在硬似骨头的地上,离我们大概五英尺。祸害总算除了。乌鸦这下知道我们就在田里,而且手中有枪,顿时像狂风过境,消失得无影无踪。

父亲直起身来,看着让乌鸦破坏得一塌糊涂的麦田,无可奈何地叹了口气。倒伏的地方足有两亩,甚至更多。地上的麦秆一片狼藉,好似象群滚过一般,麦秆上尽是白色的鸦粪,不时还有黑色的羽毛。父亲身手如此出色,让我十分自豪。离去之际,我们拿一股红线系在那只死鸦的腿上,挂在一棵白蜡树最低的枝头。

八月晚些时候，联合收割机手来了，面对乌鸦糟蹋的麦田唠唠叨叨抱怨个不停，父亲最后烦恼。乌鸦仍旧成群结队，在远处的白蜡树上盯着我们。多数小型农场都没有收割机，我们也是如此，所以，有个本地的机械商户派人替我们收割。红色的巨型机器隆隆而至，驶过小路，冒着黑烟，把嫩枝细条压在下面。机子后面带着卷筒，是个连在细长转轮上的圆形耙具，在路上颠簸而过，像商场的手推车那样咯咯作响。司机一脸络腮胡子，面露愠色，有点暴躁，来自本地居家最久的农户，是家里最小的儿子。我站在收割之后的残茎上，父亲喊我过去，让我坐上收割机看它怎么工作。我挤在司机旁边，笨重的操作手柄顶在臀部。机器一走，巨大的转轮就会耙拾庄稼，送至十几个有齿状刃口的三角小刀，将它们连根剪断，留下高约四五英寸的断茬，然后由形如风车的圆筒传到机器内部。收割机一路驶过，留下新剪的整齐麦茬，也将齐腰之长的麦秆抛在后面，一行一行撒在地上。司机的座位下方有个很大的箱子用来盛放割取的大麦，我透过玻璃镶板发现，这些大麦切去茎秆，筛除麦壳，然后倒出。

　　收割机扬着尘土绕地运行，待收的麦田也越来越小。

每隔四十五分钟,父亲都会开拖拉机进地,拉走与收割机随行的装粮挂斗。收割机伸出红色长臂,把机体中的粮食倒进旁边的挂斗里面。麦田地皮很硬,地头又高低不平,颠得我们左摇右晃。司机一遍又一遍捋着胡须,也一次又一次地解下围巾抖土。他的眼睛下方有个眼袋,衣服上方有个烟袋,几只瓢虫顺着手臂爬上爬下。收割机外面蒙上了厚厚的尘土和谷壳,足足三英寸。地上挺立的大麦越来越少,机器走过,不时会有野兔窜出麦田逃向水渠,司机的狗便会起身猎逐,在残茎断茬中穷追不舍。

司机看见罂粟和刺蓟便出言不逊,说我家的田地没他收过的新式农田干净,父亲应该打些农药才对。他说祖父有点过时,现在杂草都能除根,把杂草留在地上无论如何都交代不过去。他跟我说,他的朋友开的收割机更大,不过在我们这种窄小的地块派不上用场。我们得在地上重修大门,清掉蓬乱的老式树篱拓宽农田,像我们这种奇形怪状又高低不平的小块农田没啥指望。遇到树木他简直要气疯,因为树枝会蹭掉收割机的油漆。总而言之,我家的地上什么都有问题。我非常生气,但咬着嘴唇一言未发。后来跟祖父提起这事,祖父说什么"现代说法"都是狗屁,他那么聪明怎么还开收割机?他说,自己地上的一应所需尽量自给自足,所以我们用大麦和麦草养牛喂羊。深冬时分,我们又将粪肥撒在残茎之上,这是动物对土地福惠的回报。

我跟父亲开拖拉机下山，挂斗里拉着三四吨大麦。由于拖拉机已经老旧，刹车不太好用，经过最陡的路段，他的操作就十分紧张，以免我们"连车带人"冲下山去。回到谷仓后，车上的大麦经由车斗后方的活动门墙倾斜而出，倒在水泥地上。

父亲在电动绞龙旁撑起挂斗（绞龙是个套着铝管的阿基米德螺旋，用马达驱动，能把谷物送进粮仓），然后手持木锨在麦堆上喂料。大麦没及膝盖，他像身在流沙那般随之下沉，所以，每隔三四秒就得拔腿出来站在外面，不过动起来有点费劲。他满头大汗，眼前的大麦好像被某种隐蔽的力量尽数吸走，那个涡旋吸着他和旁边的一切越来越低，渐渐下沉。数吨大麦、几缕麦秆，还有若许瓢虫都被旋入铝管吐至高处。脚下的麦粒越来越少，他像站在一个巨型沙漏之中。这份活计相当邪门也耗时费力。马达在不断轰鸣，父亲足足刮满一锨也只能缓两三秒钟，这器械贪得无厌，喂料自然越多越好。他让我站在远处，站在拖拉机后面不要走动。他说，绞龙相当危险，绝对不能靠近，那股力道非常可怕，根本不在乎什么血肉之躯。我们认识的一个农民就被卷入绞龙丢了双脚，绞得血肉模糊，只剩两个干腿。可他刚装假腿就出了医院，还像正常人那样下地干活。

拉回最后一车大麦已经到了午后，满地的残茎断茬在阳光下熠熠生辉。再过几天，麦秆就得打捆运回厩楼，厩楼正下方就是牛圈，牛群要在那里过冬。

当年的我还是个孩童，在我看来，麦田的活计已经了结，那就意味着春种秋收彻底圆满。可是祖父另有想法。春种秋收意味着可怕的月份才刚刚开头，那几个月他更是忙得不可开交，不是用大麦饲喂牲畜，就是用麦草给牛羊垫圈。厩楼的地板有个窟窿，得经常把麦草推下去，好让母牛卧在上面。

那年秋天我偶尔发觉，那时没人让我走出家门到外面干活，我纯属自愿。

✽

丰收的节庆开始了。我们从学校结队前往教堂，要唱诸如《我们耕田，我们播种》[①]那样的赞美诗篇。对我们而言，那是一年的高光时刻。教堂里有件刺绣挂幅，上面是青年耶稣，一张金发满头的盎格鲁—撒克逊面孔，脚下围着

---

① 《我们耕田，我们播种》是西方丰收节庆上知名的赞美诗作，出自德国诗人马蒂亚斯·克劳狄乌斯之手，1782年出版面世，两年后由本国音乐家舒尔兹配乐，自此声名大噪，1861年译为英语，成为英国传唱最广的赞美诗篇。

一群小鸟，正在啄食他撒在地上的谷粒。那天晚上，村上的会堂要举行拍卖。家家户户手持火把，趁着夜色走出农田，走出门庭，毕集于此。所有人都挤在那个小小的房间之中。妇女们斟满茶杯，拿出蛋奶沙司和淡红的维夫饼干。农民们说着天气，也在谈论冬料是否充足，羊价走势如何。他们还说到，道路尽头的那个农民错过了干爽天气，最终耽搁了庄稼，不过他当时并不在场，听不到这些风言风语。他们提到的农民新来不久，曾在农学院学习，种田却力不从心，所以成了大家谈笑取乐的对象。

　　孩子们则绕着隔壁的大房子跑来跑去，玩起了捉迷藏游戏。房子的墙上有一张挂毯，那是十年前村学的孩子们完成的作品，上面绘有村里的全部农场及田地的名称。房子外面，牧师的妻子布置了所有的待售物品。妇女们送来烤制的美食与各色食品，压得条桌咯吱作响，既有金黄悦目、形似麦捆的面包，又有我们早已要求的自制袋装软糖，既有坛装的新鲜橙子酱和其他果酱，又有从厨架后面拿出的大块凤梨罐头，另外还有我们其实不感兴趣的罐装汤汁。我们一边围着拍场鼓掌，一边挑选自己能买的东西。那天晚上的拍卖活动由父亲主持。拍卖结束后，牧师告诉大家，希望我们都能在礼拜日听他布道。可是那天我们忙着往嘴里塞祖母做的姜饼，都不知道他在讲什么。

每到秋天,祖母在农场的厨房就成了果酱工厂。她不大赞成"男人"钻进她的厨房,可我还是个"男孩"。所以说,到了那个特殊的日子,我不会有什么苦差,而会应召给她搭手,顺便学艺。那天,祖父开车送我们前往两英里之外的一条山间小道。小道两侧是参差不齐的荆棘矮篱,那是祖母心仪的采集之地。她脚穿一双威灵顿筒靴,搭配那件齐膝的褐色短裙,外加一件厚厚的马甲和系在下巴下面的头巾。由于双眼近视,她戴一副度数极高的眼镜。我要帮她采集野果,装满那些特百惠①家什。祖父把我们送到就走了,说要去帮堂兄"经管羊群过冬",过一阵再来。眼前是个山坡,我们爬了大概有半英里。那是一条旧路,供牛羊从山间农场往返荒山草地。爬了一阵,叶片枯萎的白蜡树渐渐到了身后。头顶的荒山寒气袭人,长满褐色的蕨类,一派萧瑟的秋日景象,不过我们眼前的草场是个墨绿的山坳,俯瞰下方,山间谷地绵延而去,伸向几英里之外的远方。空气中弥漫着羊群"药浴"的气味,那是打理母羔准备出售的缘故。

---

① 塑料保鲜容器的著名品牌,总部在美国,分厂遍布世界。

山坡上荆棘满眼，刺果遍野，很快就到了祖母来过的地方。她把家什放在地上。荆棘藤蔓缠绕，缀满了成熟的黑色莓果，我们开始采摘，棘刺在手臂上留下了道道划痕。摘上两三颗，我就会拿一颗塞进嘴里，祖母则在跟我说她和她的妈妈采集野果的往事。下山的时候，我们已经盆满钵满。祖父在山下等候，睡在车里，开着暖气关了车窗。

回家后，祖母走出走进，忙着添这添那，一边搅拌，一边盯着温度计，她的黄铜酱锅里终于出现了熬去水分的黏稠果酱，冒着泡泡，浓郁的香气飘满屋子。这边刚刚忙完，她便着手未来几天的活计，跟她的妹妹和堂姐前往几英里之外的一处水果农场，来了一趟"随你摘"，提着几篮子草莓、李子、红醋栗和覆盆子回到家里。她又从冰柜里拿出别的水果，既有从矮篱上搜刮的醋栗，又有在园子里种好的大黄。为了保护水果树丛，她敲着铜锅，跟乌鸫和水鸫展开过一场叮叮当当的战争。她还用金属板把不能加工酱品的果子摊成糊状薄饼。

她把果园里种的苹果、梨子和李子存在窖里，以备冬天享用。这些果子在展开的报纸上一一摆放，绝不相互碰触。祖母经常下窖，拉出报纸，轻轻掉转果子以免腐坏或是霉变，烂掉的果子会煮了再吃。每逢天寒地冻，进了家门，眼前总是盛满热饭的餐盘，还有女王布丁、苹果馅饼或蛋奶沙司。

祖母是做饭高手，能把农场所种所养的一切变成美餐。她烹制的所有食品几乎都是自家所种，既能应时，又是土产。鲜肉、土豆、菜蔬、水果和浆果经她处理，就成了防腐的藏品和佐餐的美味。家里偶尔会买些柑橘和香蕉，也会在厨架上放几包甜点，除此之外，我们在餐桌上享用的都是家常食品。祖母从来不问家人想吃什么，我们无从选择。

对于外人在工厂里加工的食品，祖母从来不买，也不烹制，更不相信。她的菜单好像是上帝传于摩西（或摩西夫人）的那份，从来不变。一星期最主要的那顿是礼拜日的正餐，一般是精心烹制的牛肉，更多则是羊腿或猪肘。肉食但凡有点血丝或粉红，则被视作危险的大陆食风。肉类一定要烹制得法，除干水分，土豆则需烘烤。家里的所有饭食都少不了土豆：礼拜一剥皮，然后放在碗里泡够一周，接着出水加工，或是捣泥、水煮、切片，或是微煎、油炸、烘烤。"剩饭"还得再次加工。礼拜天之外，我们则吃冷牛肉三明治。我们宰杀自家圈里的牛羊，先在桶里放血，挂在梁间，然后剥皮，接着用刀锯在厨房的砧板上卸块。任何一点都不能浪费，可以食用的不只是大骨，还有牛尾、牛舌以及内脏，就连牲血都会用来灌制香肠。

礼拜四晚上，祖母会收取本地面包房送来的东西，司机则会进门来杯茶水，来块姜饼，跟祖父谈几句赛马技巧。

礼拜二那天，卖肉的贝尔特会来家里，卖给祖母几截做好的火腿，有时还有点香肠。一般而言，她根本不认商店的食品，觉得那纯粹是在烧钱。记忆中跟祖父祖母在餐馆吃饭只有一次，为了庆祝他们的结婚纪念日还是什么。那次，父亲跟一个服务员吵了一场，因为他目中无人，硬是把端上的蔓菁说成了"甘蓝"，祖父说他是个傻瓜，那分明就是蔓菁。

祖母有时候干家务手脚很重，那说明她有心事。我后来得知，她曾经要死要活地想离开祖父，因为他跟外面的女人有个孩子。她想跑回娘家，可她的父亲闭门不纳，让她回到丈夫身边。照他们的说法，自找的床铺自己躺。

母亲的生活跟祖母不大一样。她在圈里拼命干活，既要喂牛，还要铲粪，那都是不久前由农场雇工做的事情。出了牛圈踢掉靴子，大概十分钟就得做饭端上餐桌。她好像爱干农活，讨厌漫无休止又单调乏味的家务。在祖母看来，母亲由于出门干活，没法做个出色的家庭主妇完全不对。女人就得像个女人，应该留在家里忙活，要不男人就会一事无成。

我的父母境况不佳，几近崩溃。事情我也清楚，家里是二手拖拉机，牛圈顶上的铁皮锈迹斑斑，老旧农机总出毛病却没钱更换。其实我也深有感受，一年到头老是炖菜和碎肉。吃自家养的牛羊清洁健康，配上土豆、豌豆和胡萝卜碎泥，按理说我应该心存感激，可我没有。我恨透了这些东西。好多时候，每逢吃饭，父亲就会骂我"忘恩负义"，不"吃现成端来的东西"，于是罚我站在门廊那边。我便站在那里，不停地嚼来嚼去，都把肉块嚼成了"纸浆"。有时候，我拿自己的饭菜去喂牧羊犬，谎称自己已经吃完。有时候也会站在那里，含着一嘴嚼烂的肉末发呆神游。

门廊一角有个灰色的报警装置。为了防备核弹攻击，父亲奉命前往山头，好为本区的所有居民报警。母亲也得把水放满浴盆，拿报纸和胶带蒙上窗户。每次，父亲穿过门廊总会打量我一眼，看我满脸不解又神情嫌恶地嚼着"世上最好的肉块"。等他大步走出院子，母亲就会赶紧凑过来说："快，快去拿片奶酪三明治，趁他还没回来打你屁股。"

那年秋天，一个有霜的日子，父亲回家来吃正餐，显得垂头丧气，心灰意冷，因为老黑"已经完了"。沿着他所指的母牛草场望去，但见老黑倒在山顶。它精疲力竭，走到了生命的尽头。白雪颇为同情,贴在它的近旁吃草。父亲清楚现在只能帮它了结,然后拖回院子,交给"收购老迈牲畜的人"处理。他拿起那把滑膛短枪,步履沉沉地向草场走去。我们从厨房张望,见他难过地埋下头,好像跟老牛说了两句。他举起枪,离牛头只有几英寸。突然,老黑摇摇晃晃地向前站起,挤开了他和他手中的枪支,然后走向一边,跟白雪吃起草来。当父亲走进厨房,到阁楼放回枪支的时候,我们都笑了起来。他让我们"闭嘴",脸上却也露出了笑容。老黑最终安然无恙,又活了十八个月。

一旦地上完全湿透,就得让牛群离场进圈,准备过冬,我的任务是放学回家后前往厩舍,给家里搭手喂牛。天色昏暗,乌鸦和椋鸟返巢归栖,阵阵鸣叫回响在村庄四周,我穿过院子来到存放牛饲料的料房。料房里震耳欲聋,大麦研磨机正在工作,两扇巨大的飞轮把麦粒研成了细碴。细碴磨好装入麻袋,喂牛的时候拌入干草和青料之中,好似微白而泛黄的零星麦片。我得收拾撒在料房地上的大麦,扫起来喂鸡。

这是我的例行杂务,跟前一年相比,我干得倒没那么勉强，不过我还是讨厌鸡舍。鸡舍是个小木棚，外面围以铁丝网，攀满荨麻。母鸡白天刨土啄食，偶尔还能逮着肥嫩的蛆虫或蜘蛛，天黑就回到木棚里面。鸡舍里没有电灯，所以，当我跨过颤颤巍巍的小门，就把最后一抹天光关到了外面。棚内昏暗无光，只有一道透过"洞户"的条状光柱，那个"洞户"是母鸡出入木棚的通道。地上一层厚厚的干鸡粪，积年累月，大概一英尺，乃至十八英寸的样子。鸡棚深处，母鸡安静地卧在窝里，偶有一两声咯咯和翅膀扑腾的响动。鸡一动不动，可我摸索之际碰到它们就会引发一阵躁动，接着咯咯成片，鸡毛乱飘，翅膀拍扇，灰尘飞扬。其中一两只伴着尖叫窜出洞户，俨然狐狸破门而入。"高卧冥想"者则紧守鸡窝，把手伸到羽毛下方，就能从茸茸的腹羽之中拿走鸡蛋。老母鸡会动用尖嘴啄击我的手臂，留下血痕。

可就在这时，黑暗之中另有动静。老鼠！让鸡食喂得浑身滚圆的肥大老鼠。可以察觉到若许身影在地上活动，一片黑暗弥漫着惧意。突然，我听到吱吱尖叫，眼前一只巨大的老鼠，竟然要把半身掉毛的母鸡拖进地上的洞里。我大喝一声，它撇下母鸡溜得无影无踪。回到屋里我还惊魂未定，把情况告诉了父亲，他说："开什么玩笑，这些操蛋玩意是想药了。"父亲肯定已经动手，因为下一个星期我只要去收蛋，鸡棚里就有老鼠垂危挣扎或已死去，身上还有母鸡的啄痕。

每天出入鸡舍虽属苦差,却能得到回报,收获少许鸡蛋。一抹抹棕色依次而陈,沐浴着暖怡的阳光,有些点缀着微斑,个别还沾有鸡粪。鸡蛋握在手里暖暖的,我喜欢那种感觉。早餐煮食,就会看到泛着深棕的蛋黄。为了让鸡蛋干干净净,我从牛圈抱来金黄的麦草,小心地垫在每个鸡窝里面。

直到那年冬天,我才明白父亲承受着多么残酷的压力。晚上,给我盖好被子许久,他还会出门干活,不是在工棚里费力卖命,就是在焊接破损的架子。有时他在屋里大声说话,怒气冲冲地走来走去。我在学校里听到有些孩子谈起全家去哪里欢度冬假,而我们从来没有什么假日。母亲也难得轻松,尽管整天泡在厨房里,却还要抽空干以前由男人干的农活。

我家的厨房很小,母亲正在揉面。不管她撒了多少面粉,面团总是粘在案板上面。她穿一件带圆形翻领的衣服,衣袖挽到肘部，露出白皙的手臂，在案板上揉来揉去。她不时会掠一掠耳鬓后面的发丝。母亲身材苗条，面容姣好。她曾经努力跟着《贝洛食谱》①做饭，祖母跟她说做面包其实相当简单，她却认为干这些事情确实太难。母亲可能不该嫁到这种农民家庭。一股黑烟冒出烤箱，母亲就像被扼紧脖子，一声尖叫。她打开烤箱，拉出托盘，盯着焦黑的面团都快哭了。她自言自语，说她根本没有工夫忙这堆狗屎。时钟嘀嗒嘀嗒，外面还有活在等她。

※

父亲泼上柴油，划着火柴。轰的一声，一大堆刺棘腾出火光，好似化工厂爆炸起火一般。橘红的火光上方立即升起一股黑烟，遮蔽了夜空。以前，父亲跟约翰就在公地上点过火堆，焚烧农场的垃圾：塑料袋、树根、渠边的荆条刺枝、废旧家具、成包成捆的绳索、磨光丢弃而味道难闻的轮胎，以及盛装废弃油品的塑料油桶。任何人都可以带上废弃物品，丢在过去几年攒集的这堆垃圾之上。火中偶尔会有密闭的容器噼啪作响，这时，人们就会纷纷后退，

---

① 《贝洛食谱》是英国贝洛公司印制的烹饪手册，首版发行于1923年，最新已为第四十一版。贝洛公司由托马斯·贝尔成立于1875年，因"贝尔皇家面粉"品牌知名，后来发展为一家综合性食品公司。

好像引爆了小型炸弹。有人还用烟头燃放烟火,拿空汽水瓶当发射台,点着之后塞进瓶子,过上几秒,烟火就会嗖嗖有声,射向空中。当妈的会喝令孩子退后站远,不要靠近火焰跟火箭。当奶奶的会给我们这些孙子装上烤土豆、香肠卷和太妃糖。太妃糖很像黑色的玻璃碎片,据说有震坏颌骨,崩碎牙齿的危险。一个小时后,我们趁着夜色大步回家,在树枝或草丛中跌跌绊绊。有些孩子让火星烫伤了手,不停地哭叫,让扫兴的父母气冲冲地揪着回家。树丛里亮光闪烁,头顶上星辉灿烂,阵阵寒意扑面而至。我们在路上碰到一只狐狸,父亲骂它"偷东西的杂种",因为一年前,它的一个同伙就弄死了我家的好几只母鸡。

※

圣诞节庆期间,我窜到了祖父的农场。老人家身体越来越弱,得我帮忙才能给"隔离"的牛犊喂奶。牛圈门口飘起一缕水汽。那团白雾飘过他用圆石铺就的院子,混杂着母牛、干草、牛粪和牛尿的气味,相当熟悉也有点暖意。牛圈用灰泥砌成石墙,顶上铺着青绿石板,微微斜倾,好似马厩那般装着对开的木门,门上挂着一个老旧的铁闩。蛛网挂在檐间,浑似交缠的女式紧身衣裤。农场一共十九头母牛,冬天赶到牛圈的另一侧,脖子上系着绳子拴在各自的位置。每头牛前面都有一个盛放干草的石槽,一个饮水的铸铁装置,牛嘴或牛舌按压就会出水。阳光透过房顶的石板间隙射进牛圈,干草尘埃就在这天光形就的光柱里静静地飘舞。

我帮着祖父挪动牛圈的干草捆,从背阳的地方搬到老远的另一头。一只猫头鹰俯冲而下,从破损的窗口飞出窗外。它一闪而过,根本看不清那是一只猫头鹰。祖父不想惊扰它,所以拿草的时候蹑手蹑脚,窃窃而语,言谈举止间似乎饱含敬畏,好像牛圈属于猫头鹰而违禁越界的倒成了我们。一挪草捆,肥硕的棕色蛾子就会飞来飞去,翅膀残损的蝴蝶也不时可见,好似破碎的宝石。牛圈后面,一只旅鸫追着祖父跟前跟后,在等候落在地上的那点草籽,他只要在夹克口袋里摸索那把折叠小刀,就会翻出这些东西。

母牛冲他叫着要食,他会给予回应,让它们耐心等待,少安毋躁。他给每头牛都撒了一份干草。它们用嘴把草料摊开,舌头一卷就是美美的一嘴。牛圈里一片咀嚼的声音。它们一抬头,颈部的链子就会叮当作响。我不敢像祖父那样抱着干草走到牛群中间。有些牛会悬起蹄子作势踢人。

我往后一躲，胆战心惊，祖父却清楚它们的脾性。每天，他都会从牛的旁边走上两次，感受它们呼出的气息，让它们舔上两下或嗅上一阵，偶尔，还得身子一闪，躲过弹出的牛蹄。

他会观察母牛后体每月流出的体液，据以判断它们是否有了犊儿，是否准备怀胎，而或是否需要公牛（亦即发情）。时机一到，就会把母牛牵到别的圈里跟公牛交配。若有母牛到期生产，他就会燃起火把，带着我连夜守候。火光之下，他呼出的气息清晰可见，留驻片刻便向椽间升腾。他目不转睛地盯着栏舍，那是个"单间"，里面垫着厚厚的金黄麦草以备母牛生产。一旦正在产出的牛犊四肢粗壮，他就会搭手拽出母体，如果难以济事，便会动用棘轮抽拉"助产"。过上一两个小时，他又会帮助牛犊含住母牛的奶头，假如小牛无能为力，他就挤出宝贵的初乳，用胶管替它喂到嘴里。目睹此景，我真有点困惑不解，到底是母牛在帮我的祖父，还是恰好相反，是我的祖父在帮母牛？

※

一天早晨，祖父抬起了马圈门上手工打制的木闩。几十年来，种田的粗笨双手反复拔插，那个手柄已经磨得溜光，从门闩拔出也格外滑润。他推开圈门约莫四英寸，锈迹斑斑的合页微微响了一声。他在门缝间向里注视。我挤到他的胸膛下方向里张望，通过他的衣衫能够察觉，他在激动地颤抖。

"怎么了？"

"嘘……别出声，"祖父说道，"它正下崽呢。"

马圈里光线昏暗，一个草草安装的灯泡挂在松弛的灰色电线下方，线上还粘着梁间掉下的蛛网。厩舍墙壁原本刷得雪白，多年以来，由于母牛抬起四肢或倚着身子蹭痒，结果让牛粪涂成了一片褐色。厩舍用卵石铺地，垫着日晒发白的麦草，六英尺厚。昏暗的灯泡下方，那匹红棕骒马扭着身子站立不安，显得十分痛苦。它盯着身子一侧，那个部位高高地膨起，不知是马驹小腿还是其他东西，长短不齐地挤出它那绷紧的肉皮，好像它的腹内放着一个活梯。骒马接着卧在草上。一两分钟后，一阵收缩使它浑身哆嗦不止，好像来了一场地震。它像死尸那样脖子直伸，发出阵阵呻吟。祖父一面小心翼翼地走到它的后边，一面示意我站在原地不要走动。它每收缩一下，我都心存期待，却又不知道发生了什么。一会儿，它微微动了动身子，祖父看到马驹的双腿突出了母体，那双腿长得出奇，尖削而细瘦。他摸了摸马驹的双腿微微一笑。骒马又开始发抖使劲，将那双腿似乎又挤出了四五英寸。祖父等下一波颤抖过后，便伸手拽拉马驹的双腿。这次出来的更多,接着出现了鼻子,微泛黄色而沾有血污的半透明衣胞中,一个鲜亮的白色躯体灼然可睹。骒马随后站了起来,反反复复地倒换马蹄,马驹掉在草上一声闷响,让我突然一惊。祖父清除了马驹嘴里的东西,没等骒马开始踢他便从地上跳到门口。

过了一个小时,骒马安静了少许,可当马驹在它旁边抬头刺探,寻找奶头的时候,它又开始抖了起来,先是微微一颤,接着怵然一震。一星期后,小马驹便在地上跑来跑去,当祖父站在栏舍门口观察的时候,已经显得桀骜不驯,不但开始动用细细的长腿,而且喷出阵阵鼻息。四十年前祖父就在养马,买了第一台拖拉机后依旧矢志此道,未改初衷。

上次圣诞假期,每逢家里喊我出门干活,我就会十分懊恼,心生抗拒。今年却大不一样。祖父六点就起,却不会叫我起床,只是听见他着装穿戴,准备出门的响动。见我自己起来收拾齐整,他面露微笑,满心的骄傲。十分钟后,我们已经挥舞铁锨,在圈里清理牛粪。一宿的工夫,母牛已在身后的浅沟里堆了不少粪便。牛粪落地,伴着沉沉的闷响显出道道涡纹,即使变干,似乎也有干草的气息。

祖父手握铁锨半弓腰身，铲向冒着热气的粪包，奋力一甩就进了手推车。如果母牛要撒尿，他便退后几步暂待片刻。黄色的尿液散发着热气，流向圈门旁侧的暗沟格栅，自始至终都依赖重力完全自流。牛尿的氨气飘在空中，让我鼻子发痒。

户外寒冷无比，祖父说清圈出粪是农场上最能暖身的活计。他在圈里干活时穿一件做工夹克和马甲。由于母牛活动，加之排出粪便，牛圈里还不算太冷。他说，古时候，北方人跟牛混居于"长形屋舍"之中，"牛身散热"是人们善加利用、备予珍重的事情。清完牛圈，他像全副武装的极地探险家，穿着层层夹克，走过完全冻实的围场去喂羊。羊饿得一拥而上，我一面大声呵斥，一面摆手阻拦，以免它们挤着祖父，把他顶翻。

隆冬的农活十分艰辛，祖父非但满不在乎，而且引以为豪。他用麦草和畜粪在围场积肥，把粪堆垒成了一座小山。每天，他都要清扫四周，使粪堆显得齐整规则。看一眼陡直的斜坡和干净的边沿，就知道他对手里的活计十分上心。粪堆微有热气，融化积雪绰绰有余，因此成了茫茫天地中唯一露在雪外的地方。在他看来，不管事情有多微贱，如果能以做好为荣，那就说明一个人十分优秀。正因为这个缘故，他每天出粪清圈似乎都像接受评价一般。清理完毕，铺上干草，母牛就会坦然卧下，羊群也在围场吃草，他说，天寒地冻正好把畜粪拉走撒到草场，又不会留下车辙损毁地皮，所以得抓紧时机。于是，我们开着他的小拖拉机，把粪拉到草场，然后用撒布机均匀散开。草场上粪粒冒着热气，十来只乌鸦在里面刨食蛆虫。

祖父说，得给怀胎的母羊拉一车蔓菁。于是我们开着那辆梅西·弗格森拖拉机，挂上车斗出发了。到了地上，我们用手慢慢刨挖，才将几百颗蔓菁扔进了挂斗。在冰封地冻的地上挖一车蔓菁，对祖父而言十分费劲，对我来说又几乎没有可能。他呼吸困难，气喘吁吁。可是，当我说这是"最麻烦的农活"时，他转过身来，一脸严肃地说，阴冷的雨天在泥中挖蔓菁才算麻烦。我就见过在这种时候，父亲打着防水绑腿，穿着雨衣，双手冻得红肿，在寒冷的褐色烂泥中折腾。折腾一两个小时，事后最好离他远一点。这活实在要命。然而，尽管如此糟糕，祖父和父亲还是爱种蔓菁。蔓菁是喂羊的理想饲料，何况地上一种蔓菁就会生气奔腾。蔓菁成行而生，野生动物既能庇身，又能存粮，不像其他田地，时值隆冬不但寒气逼人，而且满目荒凉。冬日的阳光饱含水汽，落霜之后，蔓菁叶子闪着银光。野兔、山鹬，还有难以数计的其他小鸟，都能在蔓菁地上觅得食物，躲开敌害。

一只云灰色的雀鹰从水渠上方跃入天空，小鸟见状，纷纷躲进蔓菁叶丛寻求庇护。一只肥大的红色沙狐鬼鬼祟祟，偷偷摸出远处的地头钻进了树林。我们拔掉蔓菁就会带出各种蛆虫，旅鸫和花鸡便飞来抢食，在我们脚下几英尺的地方狼吞虎咽。回家后，我们把蔓菁扔给了母羊。羊圈里随后开张了一场盛宴，听那声响，就像好多人在冬天啃脆苹果一般。

开春后，母羊就会带着羔儿走出羊圈，到蔓菁地上捡漏拾遗。它们会反复啃咬，将那橘色泛红的块茎啃作碎块，把地上残留的可食之物搜刮一空方始作罢，只剩满地烂泥，以及黑似饴糖的一层羊粪。

※

那天晚上水管冻了。祖父在屋里忙进忙出，装了几桶热水，小心翼翼地提着走过结冰的院子。牛圈的水管以金属铸成，埋入混凝土里面。我们不停地灌入热水。三桶热水和一阵咒骂过后，水在管内哗哗而过，冰块随之消融剥落。母牛压住槽头的机关，开始放声痛饮。

祖母的脖子上裹着一条围巾，像列宁格勒保卫战黑白照片中的人物。她拿破旧衣服和麦草裹住水管，又大声命令祖父劈柴放火。说完便去加工早餐。我的脚已经冻僵，进了后门踢掉靴子的时候，外面传来一阵噼噼啪啪，那是斧子劈砍彻底风干的木柴才有的声音。我想洗澡暖暖身子，祖母却不以为然，她说现在天寒地冻，人们洗澡未免太勤。

※

祖父的朋友乔治经常前往旁边的山谷，在报刊经销人那里买星期日的报纸。祖父喂好牛羊，就会走上半英里前往他家搜集借阅。他坐一把旧扶手椅，乔治坐另外一把，我缩在他们后面的小木椅上。炉膛里火光通红，大块木柴噼啪作响。他们一边坐着品茶，一边谈论社会问题。乔治跟祖父臭味相投。两人谈说看到的趣事，市场的羊价、谁跟谁上过床、谁最近手头紧张，等等。听他们谈话可以知道，世界正在发生变化。

两位老人聊起了本地居民，那些人依靠小型农场为生，可是现在这些农场正在消亡。在他们看来，每个山间农庄都是个起点，一群孩子在那里长大成人，走向世界。如果穷根究底，我们熟知的每个人几乎无一例外地来自某个农庄。他们会说，"他是波罗代尔[①]的韦尔人"，如此这般

---

[①] 波罗代尔位于英国湖区，属坎布里亚郡。

便搞清了此人的底细。尽管听他们交谈的还是个幼童,但我听得十分清楚:他们只有小型农庄,可是随着年岁推进,这方天地却越来越小,最终要被彻底抹去。他们提到的所有人都执守传统的劳作之道,从出售牛羊,垒砌界墙,到构筑树篱,剪毛修路,再到去石料厂和小酒馆打工,所有工作莫不如此。他们对徙居山间的外人视而不见,似乎无法将这些陌生的异乡来客纳入自己的故事系统。这个耕田为生的群体大多真诚清白,聪慧友善,我跟祖父前往他们的农场购买牛羊或是母鸡的时候,总会碰到他们。他们始终潜心私事,专注耕作,生活几乎与世隔绝。他们的声音很少传到外面,因为他们无意于此。根据本地商店没法买到的商品,对他们的气质性情便会有个概念。他们身着旧式服装,迫不得已才会偶尔买些必需用品。他们对"店铺购买"的东西极端鄙视。他们坚持支付现款而无意赊购,物品破损惯于修补,积存旧物以备他日再用,而不会一扔了之。他们的趣味喜好跟花钱无关,即便捕鼠猎狐势所必需,在他们手上也成了玩乐。他们的友情既源于劳作,也基于家里饲喂的牛羊品种。他们很少外出度假,也难得购买新车。设若活动事涉农耕,便需要共同参与而且颇为悠闲,设若活动不拘格套又纯属取乐,纵使耗费大量时间,又怎能视为劳作?祖父将这种生活之道谓为"安静地生活"。

家产微薄并不丢人，祖父这样说，其实恰好相反。执守自由更加可贵，即便以现代标准衡量执守自由意味着贫穷。在他眼里，对店售物品酷嗜不厌相当可鄙。假如不需要那些东西，亦即商店所售之物，也就无须为了购买到手而去赚钱，他认为这种人才能理解好多人已然丧失的那种自由。假如希求域外度假，渴望有悖节令的虚幻膳食，小小的荒山农场便无法支撑这种生活。如何生活，只能量力而为。

一会儿，祖父离座起身，拿起报纸走出乔治的家门。他在途中驻足片刻，俯瞰山间谷底，俯瞰家中的农场，我们的羊群采食于那片原野，淙淙细流汇集于那方谷间滩地。

※

草叶染上了银色，脚下传来清脆的声响。溪水以层冰镶边，好似在薄薄的碎玻璃下方哗哗而去。橡树蒙霜，道道枝条宛若雄鹿角上的细绒。太阳不惮辛劳，在荒原之上冉冉升起。我跟祖父去找父亲和约翰，他们要修整树篱。突然，前方的小溪水花四溅。祖父加紧脚步，成了身姿僵硬的小跑。前面的浅水中光亮微闪，快似游鱼，旋即没入一片暗黑的静水之中。祖父跟我说，离开河流前往大西洋的鲑鱼要洄游出海，重温孕育自己的河水。那种天性宛若一条隐形的丝带，尽管数年在海，它们依旧会遵从驱策向河口洄游，向平缓宁静的洼地河流洄游，一节又一节，始终逆流而上，越过鱼梁和坝堰，逃过树根和渔人，一节又是一节，那种召唤强烈如许，使它们几乎成了由肾上腺素驱动的鱼雷。它们游入河流，终于游至这荒原合围的山谷之间，进入微染泥炭气息的河水，在这熟悉的静水之中等候洪水涨波，以便继续溯流而进，最终到达数年之前得以诞生的岩间小溪。它们会在砾石堆中产卵，不过多数卵泡不会存活。祖父娓娓道来，观其辞色，好像是在讲述一出传奇。他指着水中的鱼儿，鳃间和鳍尾尚有海虱，满身道道创伤和白色划痕，比画之际满脸放光。我站在河边注视水中的时候，他又对"水务部门"发起了牢骚，说他们在改直河道，挖掘壕沟，排干河水，以求扩大河谷的效用，还要在两岸架设木板以求美观。他们当然在花别人的钱，换作自己肯定不会这样大方。他说，不出几年，这条小河就要废了。

走过小河，我们一路慢步缓行，穿过草场大门找父亲和约翰。父亲的路虎已经停在树篱边上，那边传来他挥动斧子劈砍的声音。约翰正在撕扯荆条，准备聚成一堆焚烧。

荆棘冬天休眠，开春复苏，所以现在方便劈砍也容易弯折。祖父跟我解释，植好树篱的沟渠既牢靠又管用，纯粹凭借手艺，完全可以就地取材，不用购置任何东西就能栽植管护。他说，农场是否兴旺一目了然，只需看看培植树篱那样的传统手艺是不是还在发挥作用。

差不多所有的棘株先上锚钩，等到棘干弯折欲倒，约翰便会伸手一拉，搭到紧挨的植株上方。棘干的破口以树皮相连，薄如书本封面，需要父亲小心操作。他的双手已经划伤，凝结的血痕色如山楂鲜果。他说，棘干的那点残留会像伤口结痂膨大，足以运送树汁供枝条继续生长。由于残株会萌发新芽，随后几年，这些新枝就会缠绕残株，而让树篱彼此攀结，繁茂密实。父亲他们在一边交谈，我却没有兴趣，钻进二十英尺之外的车中，一边打开暖气烤脚，一边打开收音机听布劳恩迪[①]。

只需两三年，这堵树墙的里面已经藏而不露，一道参差有致的绿色树篱又会重现于眼前。每过十五年左右，这些树篱就得另行培植，修建一次就会越发盘错茁壮，密不透风。年深日久，树篱一带的草木鸟虫越来越多，生于上方的棘丛，也见于下边的土壤——那里还是野花的天堂。

---

① 布劳恩迪为二十世纪七十年代的美国乐队，国内间或译作"布隆迪"，由于跟非洲国家"布隆迪"译名冲突，而且拟音不准，今弃而弗取，另行译写。

这些树篱是我们这群孩子藏身的首选，也是夏日攀爬的胜地。钻过树篱就是另一个世界，任凭母亲在远处召唤也能充耳不闻。我们经常四处撒野，沿着树篱一路冒险，或是前往铁道，或是拜访老一辈孩童曾经玩耍，而今满目荒圮的古老磨坊。等到年岁略长，或是藏在那里翻阅色情书刊，或是背过大人偷着抽烟。有时候，我们似乎觉得生活向来如此，永远如此，不会中断。

※

小时候，我有一本配图的希腊神话。我喜欢奥德修斯跟忒修斯，也喜欢他们充满英雄气概的漫游。然而，我觉得我们倒是更像希绪弗斯，他之所以将巨石推往山顶，无非为了让它反复滚落，周而复始。就在那年学农之初，我认为在农场干活就是为了最终逃离农场。不过我渐渐明白，尽管父亲和祖父间或心生抱怨，乃至偶尔陷于绝望，可在他们看来，要想依靠农田幸福地生活，持续劳作就是必不可少的代价。事情必须要做，因为以前始终在做。个中秘密乃是安心负轭而不抗争。保持现状，继续就行。面对如是处境，我的祖父似乎自有应对之道，一方面拿身边的奇闻怪事取乐，一方面以正确处事引为荣耀。照他的态度，似乎会跟我说：试着领会割倒刺蓟的那番畅意，试着享受驾驭长镰的那种妙趣，试着讲述故事，或是逗人发笑，这样，就连繁重无比的劳作也不会将你压垮。假如他像希绪弗斯，则那位希绪弗斯也会面带笑容。他的观点可能让人不快，在他看来，现代人活似幼童，固然可以自由无拘地玩乐，但那样玩乐对生活本身毫无意义，跟生活要务也毫无瓜葛。时值暮年，他趋于顽固也怀疑变化，对他那执守传统、已然败落的荒山农场意笃情深，珍爱有加。

父亲却没法如此轻松，也没法如此浪漫。面对越来越重的债务，他似乎身陷困局，不知所措，既要捍卫旧式农耕的价值，又要面对全新的经济现状。我能察觉到矛盾，却不能透彻理解。透彻理解有待来日。尽管如此，就在那年年末，我已经爱上了那个古老的农耕世界。祖父拟订计划，最终得遂所愿：我不再是那个躲离农场的孩童，已经对他深信不疑，言听计从。

※

第二年早春的一天，阳光明媚，地上已经变得干爽，牧草高可数寸，祖父把母牛和幼犊放出了牛圈。母牛甩了甩去除绳索的脖颈，走出厩舍，走进久违的阳光，这才发觉自己原来有腿。它们旋即在厩栏和草场上撒欢，相与嬉闹，呼朋引类。这一环节祖父称作"出户"。对农民而言，这是一年中无比喜庆的日子。夏日的月份行将到来，祖父跟牛群相互解脱，一身释然。告别了冬天清圈出粪，也不再一日两度饲喂，每天保证它们在牧场吃草就行。母牛开始了户外蹦跳，他的例行活动也要大幅调整。农场上下好像深有感触，感叹终于获得解放。牛群玩耍嬉闹，好似顽童，我们在草场门口驻足观赏。

"能让太阳照在背上，远离老旧昏暗的棚舍，它们应该十分高兴……冬天确实太长了。"

牛群已经前往草场迎接夏日，牛圈里一片寂静，只有燕子在圈门上漫无休止地咬舌。农场的厩舍曾经喧闹不休，生气奔腾，百味杂汇，而今变得无比清冷，无比阴暗，也无比宁静。走过牛圈，声声脚步在地上和壁间回响。农场的斑猫卧在地上，紧盯梁间的燕子，在百般琢磨如何出击。一天，祖父发觉我在观察燕子，就跟我说起它们如何一路迁徙，那细腻平滑的胸羽如何仍旧沾有非洲的红土。就在我们走出圈门的时候，只见它们急速而过，在行将破损的窗户中进进出出。它们在飞向远处的草场，因为那里有母牛吃草，蚊蝇尾随。

回家吃饭的路上，我们发现燕子从木棚里飞进飞出。

我走上前去向里张望,想看看燕窝。窝就在梁间。为了让我看个仔细,祖父抱起我,颤着手臂把我高高举起。燕子妈妈在外面的电线上怒气冲冲地责骂。小燕子羽翼渐丰,张着橘黄色的小嘴,几乎要挤爆燕窝。发觉我之后,它们合拢小嘴,困惑不解地回头打量。祖父略显迫促地问:"看见了吗?"我轻声回应"是",他便把我放回地上。

假如生活还能那样,一切自然都好。可惜事实并非如此。及至一切尘埃落定,我们的生活就成了建在沙上的房屋。一阵狂风,一切荡然无存。

——《切腹》(1962)

一旦染上二十世纪的症候,很快便会只剩一个物种,那就是人类。这个物种拥有可怕的力量,足以彻底改变世界。

——拉切尔·卡尔森《寂静的春天》(1962)

颓势

夜色沉沉，红如铁锈的烟尘在身后腾起。我开着拖拉机在一条土路上狂奔，碰到坑洼手里的方向盘便随之震晃。铁丝围栏伸向远方，在茫茫夜色中看不到尽头。天上群星灿烂，宛若廉价的人造钻石。我在澳大利亚，那年二十岁。我以"背包旅行"为由远遁他乡，把家园轻轻地丢在了身后。我是说到做到，只要可能，就要远离父亲，远离农场，越远越好。三年前，祖父已经去世。他活着的时候好像对全家施加了魔力，让我们过得体面正派，不畏艰险，似乎永远充满希望。他笃信如此，绝不动摇，也使我觉得我们可以挑战外面的世界。我秉承这种信念，好像身着一袭护甲，成了自豪的小斯巴达人。可是，他一去世便影响不再，我们的世界突然变得危机四伏，脆弱不堪。我分明觉得身边的一切都在分崩离析，自己却又无能为力。我开始满怀忧惧，昔日我们在英格兰的北方一隅勤苦劳作，如是一切恐怕要断送在我们这一辈的手里。

我打算到澳大利亚的这家农场工作，那是朋友的朋友经营的产业。我的任务是开拖拉机,到一个遥远的草场给"紫苜蓿"打包。我点头答应,其实不知道紫苜蓿是什么东西。我以前从未在夜间干活,何况地方很远,拖拉机又生。老板解释原委,他们之所以要连夜干活,是因为趁那东西还有水分,白天则会暴晒变干,一经机器震晃就成了碎末。

拖拉机大灯映出一片深红的火星景象。一切都显得笔直,都是直线,都是方形。老板叮嘱我沿着土路走上三十英里,然后右转驶过六个街区,接着左转穿过两个街区就是草场。看这情形,是要我在象棋棋盘上开车。一路过去,我遇到了牧场的牛群,眼睛让车灯映得很亮,牛群四周,怪异的野兽在灌木丛里扑闪着眼睛。我还在路边碰到了一棵树,周围爬着似曾相识却又陌生的动物,身形硕大,一片红色。袋鼠!受到惊吓后窜出道路两侧的低矮树丛。我吃惊不已,紧张得不敢松开油门。它们就在拖拉机两侧飞奔,近得几乎触手可及。身边袋鼠腾跃,此情此景恍然如梦。等我醒过神来,这般景象已在身后,袋鼠早已跳出了视野。突然之间,夜色之中唯我一人,身边是震响的马达,满天的星斗,和拖拉机后面滚滚而起的红色烟尘。我不禁暗想,家里会不会有人相信我的夜间奇遇。痴痴呆呆地开了一个小时，我终于到了草场，然后就着拖拉机大灯开始打包，连夜干活。

※

澳大利亚可谓一马平川，此前我从未见过这种景象。田野永远延伸而去，遥至天边，到处是辽阔无垠、绝对规则的农场。何以齐整如许，我颇感纳闷，一百多年前，莫非是测量人员对着地图手握直尺，在灌木丛中描出了这道整饬有序的景观？

澳大利亚的土地售价低廉，规模极大。那里没有牵绊一切的历史记载，也没有民间传说。那是一方供现代农民描绘未来的白板。没有古老的界墙，没有昔日的农庄，没有太多的人口，没有盛装新酒的旧瓶，只有跟巨型机械堪称绝配的旷野平畴。那里的羊群规模极大，动辄十万，啃食的草场相当辽阔，连我们全国都望尘莫及。牛群也是如此，为数六七百头。碰到的人都活力四射，饱含希望。"世上所有的人都不是我们的对手"，有个农民端着啤酒说道。他所言不虚，失败的是我们。

❧

待了一两个月我便起身回家。我十分想家，难以自持，最终乃至思念成疾。我想念荒山和草场的每个夜晚，想念那些歪歪扭扭、奇形怪状的片片农田。何况，我也思念动身前夜在酒馆邂逅的那个红发姑娘。

❧

回来之后，我对家乡的感情越发深挚。农场从未像现在这般阳光明媚。开车一路过去，道道树篱苍翠欲滴，草地和牧场形状各异，精致悦目，我不停地赞叹，都让父亲觉得莫名其妙。可是我一清二楚，恐怕平生首次，我彻底领略了家乡风光的魅力，那些墙垣，那些树篱，那些用石头筑就的农舍，还有那些古老的牛圈和谷仓。我心里明白，它们已经融入了我的生命，正如我已经成了它们的一个要素。

当然，除了挚爱与深情，回家之后我也不无挫败和落寞，心中的隐忧越来越重，我们得奋力拼搏以求自保。若论提供食物，我们没法跟我在澳洲看到的农场抗衡。我觉得我们属于过去，我们的时代正在走向终点和尽头。

✿

　　随后的几个月，我越发清楚周围发生了什么，也明白家中的老人何以会拼力挣扎谋求生计。一年之中，狂风暴雨要肆虐半年之久，我们的农场到底好在哪里？歪歪斜斜的地块与杂沓不伦的老旧建筑究竟好在哪里？耕种尺幅之地能有什么指望？我已经见过财力更强、行动更快、效率更高的农民，而在眼下，类似的群体也在我们的破败农庄上脱颖而出。我发觉家里已经陷入困境，没法跟上形势。我们规模太小，方式太旧，过于保守，也过于贫穷，而现在，恐怕早已落伍，没法在高歌猛进的全新世界赢得一席之地。

✿

　　家里，触目入眼，似乎尽是过时的东西。在父亲那代人之前，拖拉机已经取代马匹成了耕田的主要动力。可是，较之过去，祖父和父亲所用的拖拉机之类的农具也仅仅略有改观。进入料场，瓦楞铁皮搭建的"工具房"锈迹斑斑，里面尽是各色各类的马拉器械。农场厨房的橼梁仍旧覆有黄铜饰片①。往事已为陈迹,却留下若许器具置于库房中积存灰尘。阁楼的房梁上悬着挽具、颈轭、笼头、肚带和蹄铁,早已革面僵硬,裂为碎片,封存于白色的蛛网之中。这还不算,走进存放大麦的阁楼,梁间竟然挂着一个步行播种的手动工具,附有好似拉琴那般操控的播撒装置。祖父坐着看报的壁炉上放着一对马刺,那是布尔之战②的旧物,好像是五分钟之前才缴获的战果。一天,我手持这对马刺意有所悟,在执守传统的劳作生活中,我也扮演着一个角色,但是,这种生活已经被冲击得面目全非。在现代农场上,可没人动用双手去拔蔓菁,也没人以老旧方式饲养奶牛,并且一天两次给家里挤奶。

父亲承受的压力越来越重,一方面得保住农场正常运转,一方面又得面对日甚一日的债务。面对困局他越来越难,似乎只有一种想法,那就是彻底解决问题。苦干猛干,早起晚睡。我但凡露出一点疲弱迹象,他就会勃然大怒,

---

① 黄铜饰片用于装点马具,十九世纪中叶以来风行于英格兰地区。
② 1899年至1902年间,荷兰布尔人与英国政府因属地辖权和商业利益爆发的战争,最终英国战胜。

好像我们别无选择,只能像蚌壳那般坚硬。他短于言辞,不做任何解释。看那意思,我们只能照搬别人的做法。我们需要购买新式农机,更换牛羊品种,只能节省开支,精打细算。我们已经被甩在后面,正在不顾一切地奋起直追。我已经自大到可怜父亲的地步,可怜他束手无策,可怜他未曾更换高效工具,也可怜他不知道如何走出困境。我们已经透支,他负重在肩,好像扛着一麻袋石头。我也开始悲观懊恼,愤世嫉俗,尽是糟糕的负面情绪。我们只有一种选择,那就是接受改变,采取现代化。我们的农场何其"落后",都让我觉得丢人。我知道潮流和大势漠然无情。情势正如一列火车,它已经启动出站,任你大声呼号"停车驶回"或"道路有误",它却沿着轨道继续前行,最终将你撇在后面。

我家农场的遭遇正在英国乡村四处蔓延。在好些方面,这一变局算是"进步"。从字面深究,农耕事关生死[①],然而,人们不假思索便将这一要义置诸脑后。午餐已经现成,而且可以吃得更好,吃什么还能挑选,根本无须担心下一顿

---

[①] 古英语单词 farm(种田)有"(食物短缺时)限额配给,定量供应"之意。

没有着落——缺乏必要的忧患意识何其可怕，然而，人们却见怪不惊，视为常态。须知，无论考察英国还是放眼世界，好多家庭摆脱饥饿威胁也只是上一代人的事情。

我的祖父和祖母便经历过食物短缺，在二十世纪初的那二三十年，周期性的物价高涨在英国并不鲜见。身边的熟人中，年龄最大的那些往往比子辈和孙辈矮一英尺左右，这种矮短身材便是食物匮乏的见证。战时限供是触目惊心的回忆，得到食物并非天经地义，因为，要想满足全国的吃饭需求，每年就得进口两千万吨食品，何况海外供应朝不保夕。购买稀缺物资的人们曾经在商铺之外鱼贯而列，鸡蛋和黄油这类必需食品既是欺诈的由头，也是黑市的奇货，这种状况持续了好些年头。① 因而，在二十世纪五十年代，改善食品困局，为五千万人提供食物，成了英国农民的任务，政府辅以鼓励措施，为他们提供补助和价格保障。随后几十年，农民便能应对挑战：食品日趋丰富，价格更为低廉。在人们的热望之中，现代超市终于诞生——那是让人承受视觉冲击的历史奇迹，二十世纪之前的任何人极尽想象，也无法相信食品能够如此丰富，花样可以如许之多。

母亲有个朋友名叫安妮，住在村庄尽头。我小时候，

---

① 作者所言不虚，美国书信体小说《查令十字街84号》就有生动入微的逼真交代。

她经常突然来访，兴奋地说起她买的一块腌制猪腿、一袋冷冻薯条和若干洗衣粉有多便宜。本地的第一家大型超市开张运营，就在距此十五英里之外的肯达尔边上。那是一个飞机库大小的棚屋，设有沥青铺面的巨大停车场，所售商品琳琅满目，价格低得成了无人不谈的话题。安妮总是夹着香烟，眉飞色舞地谈着她买的东西，或是在餐馆里吃过什么，而那点耗费又是何其之低。她早就不在家里烤制蛋糕，又取笑母亲有多老套。她说，超市应有尽有，还比自己种的便宜太多，又何苦种个菜园浪费时间？

　　我家的菜地不大，就在农场的园子里面，翻地和种土豆是父亲的事情。他讨厌种菜。一次，安妮走了之后，父亲便把耙子往土里狠狠一剁，地上土少石多，听那声音，像是砸在他脚下的石块上面。在我家农场上，菜地的土质似乎最差，好像烧过的一点石灰碎石。每年开春，为了改善土质，父亲便会用手推车从牛圈里拉粪，一车一车没完没了。他的铁锨已经断柄，撇在墙下，冬天挖掉最后一颗土豆，他满心嫌恶地扬手一摔便断在那里。所以他走出菜地，花了二十分钟换了锨柄。回到地上，他开了一道长长的垄沟，深约一英尺，填了好多粪土进去。我把土豆丢在粪上，轻轻地拨土掩埋。土豆固然在种，可因为我们行动略晚，已经偷偷地冒出了白芽。父亲满心不快，强忍怒气。他问母亲超市的一袋土豆卖价多少，接着念念有词，开始计算自己种植需要花费的时间。他说,种土豆纯属浪费,安妮绝对没错。母亲开始反驳,夸赞菜园的土豆有多新鲜,父亲却听不进去,说去年由于生病枯萎,那些土豆半数给烂在了地里。那年秋天,菜园开始种草,家里的土豆去镇上购买。

※

过去几年,超级市场开始压低我们售卖东西还能接受的价格。到了我从澳大利亚返回的时候,情况已经变得更差。一天,我跟父亲去本地的牲畜市场卖一车肥羊,一路上他不停地诉苦,抱怨这批羊价格多贱,又大骂为超市收购的贩子对我们盘剥多狠。

回来的路上,我们行经山下的几处大型农场。父亲盯着路边的农田神色黯然。"天哪,他们倒了几麻袋种子。"田里庄稼的数量和颜色让他吃惊。牧草长得发疯,绿得逆天——那是种在化肥里面的结果。他的话音里既有羡慕,又有震惊,好像拿不准这位农民是不是做得有点离谱。

※

说起身边的田野和牛羊发生了什么,我们全家都能分析得头头是道，可是，若要解释我们的作为和相应的后果，却又显得力不从心。正因为这样，我开始通过阅读解疑释惑，寻求答案。我喜欢涉农名著，比如亚瑟·乔治·斯特里特①的《农夫的荣耀》，以及亨利·威廉姆森②的《诺福克农场的故事》，也用心阅读了无数的课本和教材，这些书本寡淡如水却也富含有用的信息。经由学习我最终得知，我家是个"混合"型的"轮转"农场。说是"混合"，乃是由于我们种的作物各不相同，养的牲畜品类相异，至于"轮转"，则因为我们还像几百年前那样在依从节候，有序劳作。

究其实质，全部农耕史都在讲述人类如何屡遭挫折却又百折不挠，以求突破大自然对人类生产施加的限制。农耕的第一要素是土壤肥力。农民反复试验，反复失败，通

---

① 亚瑟·乔治·斯特里特（1892—1966），英国农民作家，早年入校学农，后赴加拿大种地，最终返回英国，因写作知名却力耕未辍。《农夫的荣耀》讲述了他在加拿大的经历和返乡事宜。
② 亨利·威廉姆森（1895—1977），英国作家，题材涉及野生动物、社会问题和农村问题，代表作为《水獭塔尔卡》，1936年在诺福克购地置产，《诺福克农场的故事》讲述了他的耕田时光。

过漫长的实践领会了无可更易的铁律，最终得以发现，如果对土壤过度索取，生态系统必将崩溃，人类的繁衍生息也会随之受累。反复收获同一种庄稼势必耗竭地力。所以如此，乃是因为各种作物从土壤中吸纳的养分各有不同，肥力耗尽会让作物致病，遭受虫害，最终杂草蔓生，土地荒芜。农民恣意而为便会领教自然的惩罚。曾有人类的文明彻底绝灭，根源在于耕作方式导致了土壤退化。

反复尝试而屡遭失败，解决方案便由此诞生：以各类作物和不同的生产方式对土地循环使用，有些种植谷物，有些牧养牲畜，有些弃置不用，任由杂草生长以便土地休养恢复。庄稼相异，有机质就会附着于根系或收割残茎重返土壤，赋予土地的养分自然各不相同。收获小麦便改种燕麦，肥力下降则休耕不作。如此轮番使用，土壤便能重获生机，自然可以继续滋养庄稼。轮作何以有效，父亲和祖父跟古代农民的认识并无二致，无非照样奉行两千年前的那些基本规矩而已。有些事情似乎让人颇为吃惊，我在农场出生长大，又在学校受教十一个年头，这些规矩何以有效，却从未有人跟我解释说明。

英国人为了种群存续总结了若许农耕原则，并将如是发现和各种尝试笔之文字，我在浏览之际发现，有一种现象极为罕见：我所熟知的耕作模式并非一成不变，而在有些时候显得判然不同。在英国的中世纪，农民的耕地被划为很多条状小块（草场公有，每家每户都有权牧养一定数量的牲畜），然后分配给不同的家户，使他们名下的地块散布于堂区四周，数量多寡则与家中供养的人口相符。每家种植各类作物，计有燕麦、大麦、黑麦等品种。换作祖父，肯定会对状如条码的划分方式困惑不解。既然农田可以大块分配，高效操作，又何苦不惮辛劳，而在道道长条间慢步缓行，费劲丈量？在长条之间走来走去，还要带着耕犁、锄头和各类镰刀，难道不怕浪费时间？在长条之间留一两英尺不予分配，如此浪费又是何故？然而，我阅读得知，带状田地既能用为屏障，降低作物病害虫害蔓延的风险，还能为授粉动物和农田益虫提供庇护，而且，由于每家每户的田地散见于堂区的不同地段，一旦遭遇极端天气，人们的口粮就有保障，旱情病害之类的灾殃也影响有限。当然，如此操作的根本依据还是多种作物轮番种植，这一点跟古时的农田没有区别，也和祖父大小各异的田地完全相同。这条规矩颠扑不破，旨在维系土壤活力，保持土壤养分。

这些中世纪的带状公田曾被私人兼并，沦为由个别人掌控的大块耕地。然而，过去几百年以来，我们的农耕进步除了见于"圈地"之举，在提高土壤肥效和调整授田模式方面也收获不小。十七世纪的英国农民就曾发现，种车轴草可以增进土壤肥力。这种草叶能将空气中的氮素（庄稼养分的隐性要素）转换为养分，再通过根系送至土壤，而使休耕不作的农田持续丰产（此前，只有幸遇雷击，农民才能获得土地之外的这份氮素）。非但如此，车轴草还可以饲喂牛羊（为土壤增肥之外，还能在肉食、奶品和毛料方面增产），而牛羊又能啃食农田的杂草，并将粪便和有机质踩入草皮，使土壤的微生物得以发挥效用而且状况良好（羊群可以让地力衰减的耕地恢复肥效，再度丰产，这便是人所共知的"金蹄"效应）。我小的时候，祖父还在大麦田里混种车轴草，收完大麦就在地上的半绿残茎中放羊。

现在我才明白祖父何以对牛粪那般上心，那是因为牛粪对农田养分的循环至关重要，所以，任何人只要头脑正常都不会随便浪费。土地所产的任何东西只要能为人类或动物食用，都会从土壤掠走养分，而这份损失必须获得补偿。我阅读得知，在过去两三百年中，食物需求因人口增长而持续攀升，这番态势意味着好多土地势必过量耕种，终因耕作损及土壤而将它耗蚀一空（以车轴草加以调整的轮作模式亦非例外）。从未有人跟我提及如是信息。不过，祖父确实说到他的祖父的往事，说他利用"鸟粪"种的庄稼收成惊人。这类海鸟和蝙蝠的干粪富于肥效，数百年来积存于南美的山洞和鸟雀筑巢的悬崖之下，十九世纪初叶被临时用为肥料，一时之间，这笔古老的天然储存便被搜刮殆尽。八九十年前，我们亦曾染指全球的蝙蝠（包括海鸥）

粪便经济。尽管如此,在二十世纪之初,人类即将面临人口危机。分析认为,如果没有新型肥料,我们就会遭遇旷日持久的惨烈饥荒,那是因为,由于肥料短缺,能力有限,我们无法耕种庄稼供养新增人口。不可思议的是,一位德国化学家最终找到了解决方案。

我跟父亲在路边见到的那些墨绿农田就打有他的烙印。

家里没人知道弗里茨·哈伯是谁,可是,假如没有他,我们的生活景象就会大为不同。他破解了为土壤增肥的困局。那是1909年,他最终发现如何利用氢,通过人工手段"锁定"空气中的氮素,使之用于植物生长。哈伯知难而上,将不可能化为可能。他拆解了自然之锁,一如他本人所言,"利用空气加工了面包"。哈伯的同事卡尔·博施将这一工业流程加以改进,用以制造进入市场的商品。硝酸铵自此问世,作为肥料使农业天地面貌一新,也使人类社会彻底改观。根据统计信息,如果没有哈伯与博施的技术变革,依凭食物得以存活的人口总数仅为四十亿(设若此论可信,则说明今日的三十多亿人口完全受惠于哈伯与博施两人)。

由于"提升农业水准,改善人类福祉",哈伯于1918年获授诺贝尔奖。可是,他的遗产远没有那么简单纯一,也绝非造福苍生可以概而论之。硝酸铵原本用于改善人类的食物生产,后来却被制成炸药,出现于人类有史以来最为残酷的战场。哈伯的另一份遗产是改进氯气制造,在第一次世界大战期间,这种有毒气体被施予战壕之中。至于用为杀虫剂的氰化氢,后来也沦为纳粹在集中营里屠杀数百万人的凶器。

※

第二次世界大战结束后,哈伯的转换技术迅速风行于整个世界。美国的军工厂开始转型,由原本利用硝酸铵制造炸药转而生产农耕用肥。美国农民有新肥可用,很快便发现,尽管小麦和大麦掠走了土壤养分,可是,他们只要在田间加点人工养分("覆盖作业",亦即撒在地表),来年依旧可以种植同一种作物。自此以始,养分"循环"的耕作思路效用不再,人类无须轮换各种作物和牲畜为土壤维系生气,保持肥力。农民由此得到解放,不必在农田上自己备肥,转而钟情于神妙的店购方案。哈伯的氮素并未在一夜之间改变农业景观,那是需要几十年时间的事情,可是,这项技术意味着人类彻底告别了过去,而且成了很多变局的根由和源头。

战后数年,化学公司和机械企业的销售人员走遍世界,把工业肥料推向农村,我们的村庄也不例外。他们经常走进我家喝茶水,吃糕点,接着掏出光鲜花哨的各类册子,册子上的庄稼图片让人眼花缭乱,然后是一通胡扯,为了免得让邻居甩远,我们得买这个东西,购那个物件云云。

卖羊回来两个星期,父亲让我给他的朋友搬运青储饲料,他这位朋友就是墨绿农田的主人。他们让我开着一辆巨大的约翰迪尔牌绿色拖拉机,挂着红色车斗,装载十吨左右的草料。吸睛乐队和碎瓜乐队①在收音机里疯喊乱叫。我们五六个负责拉运"草机"处理过的牧草,草机在农场上割取青草然后切碎,由我们运到储"坑",或曰储"夹"之中。我们在坑中卸车,把切碎的草料倒在水泥地上,然后去拉下一车。几个星期前已经开春,父亲的这位朋友开着拖拉机,用"施肥机"在地上追施复合氮肥,将好似塑料的数百万细碎颗粒撒到地上,为这些青草提供强劲的活力。这是年前播撒的速成黑麦料草,种得很稠,颜色极深,完全整齐划一,绝对的单一品种,在新近上市的肥料中一派生机。这块地长势惊人,不只是我们收割的这批牧草较

---

① 吸睛乐队和碎瓜乐队为美国二十世纪八九十年代的摇滚乐队。

之既往早了三个星期,而且能够连番播种,一季收割三四茬之多。

其实,青储饲料无非经由发酵而犹带水分的鲜绿料草,可是,这种技术诞生之初,却成了一桩农耕奇迹。青料跟干草不同,无须日照晾晒,逢着下雨也能一天收拾清楚。这种草料能为正在产奶或即将宰杀的母牛提供更多的营养。这批牧草当然也能晾为干草,加工为营养丰富的青料却价格更高,可以卖到数万英镑。

那天下午,我们把牧草送到水泥场地,交给钢制储夹,一个小时就能运送数吨之多。我们的朋友拉斯迪开着拖拉机为储夹填料,操作长齿巨耙反复挤压,排出空气。天黑之前,我们已经用巨大的塑料篷布把草堆封好让它发酵,顶上压着几百个废旧轮胎以免滑动。一天就能顺顺利利地处理完这么多草料,我们每人手持一罐啤酒,当然觉得十分自豪。有人问起我家什么时候动手,我颇为难堪地说恐怕要到下一个月。我并未说家中还以老旧方式成批晾晒干草——突然觉得我们好像还在史前时代。

那天加工青储饲料从头到尾并没有什么新鲜之处。新品牧草、复合肥料、拖拉机、聚堆发酵等等,三四十年前就已经跟现在一样。不同之处在于规模和效率，变得高度压缩，强度更甚。这几乎成了一场跑步比赛，我所参与的只是后面的半场。

※

从澳大利亚回家后我信心满满，尽在考虑如何让家里的农场跟上现代步伐。父亲却一耸双肩一走了之，他不以为然，可能觉得自己清楚一切而不想枉费口舌，家里没钱置办新式拖拉机和挂斗，可能也是拿不定主意到底该如何行动。他似乎在新旧之间徘徊观望，有点进退失据。家里是一两台老旧拖拉机、若干生锈的二手机械、几间破旧不堪的干草棚，他要拿这些东西来应付局面。我们确实也在加工青料，可现在，他仍旧觉得还该像以往那样晾晒干草。

所以，到了七月，我们就听着天气预报，等候四五个晴朗的日子，接着开始按部就班，收割，晾晒，翻腾，打包，送进草棚。那是要拖上好几个星期的一场噩梦。第一次处理干草让雨水给彻底毁了，自那以后我们每次只收拾一两块地。我们不赶进度，尽量收拾周全送进草棚，以降低冬天草料短缺的风险。那几个星期，我们大汗淋漓，一身灰尘，既要在草场上徒手干活，还要把打包的草料送进草棚。如此紧张，自然要请大伯过来，用机动械夹把草包放到升降机边上，再由母亲搬到这个汽油驱动的升降装置上面，我和父亲则站得跟屋檐齐高，把草包扔给对方层层堆码，码成我们叫作"马厩"的四方形状。这些草包相互嵌套，可以牢牢靠靠地放到冬天。说实话，干活我并不在乎，让人无奈的是速度太慢，其他农场不是人手很多，就是启用机械堆码。我取笑父亲，说我们是一支"爸爸分队"。

我们恐怕无力购置最新款式的农机，但我通过上门推销人员所留的散页得知，要想在这场现代农耕博弈中获胜，最新推出的农药必不可少。

茅蓟高已齐腰，即将绽开紫色的花朵。母牛草场的下端已经成了它们的天下，那片刺蓟几乎在疯长，连母牛都懒得走到那边。家里人手不够，没法割除这些杂草。所以，地上已经显出刺蓟失控，行将蔓延的态势，再不动手就彻底完了。我认为家里落后得让人绝望，形势逼人，父亲的调整仍旧过于保守，过于缓慢，没法跟上大型现代化农场的生产节奏。所以，我在熟悉的农药商店买了最新的除蓟农药。药水价格不高，装在矮扁的塑料瓶里，需要兑水稀释。那次还买了一个小型喷雾器，可以用一对称作"挂带"的东西背在肩上。那个星期，我每天晚上都去农场打药，不漏过一株刺蓟和荨麻。我前后摇动柄杆，身边是一团白白的水雾，嘴里有点发干发苦。我配制的药量是说明书的两倍，因为谁都清楚，"专家"基于安全考虑总会显得保守。打药的效果相当明显，每次回家，刺蓟和荨麻都会垂萎不振，叶片反转，显出背面的银色。

　　几天后，这些杂草均已发黑萎谢，地上几乎不见一株活着的刺蓟和荨麻。这次杀灭的不仅是植株，连种子萌发都没有可能。我回到家里带上农药，又到地上喷洒一次，将个别残留清扫一空。不出几个星期，过去饱受刺蓟之害的农场变得干干净净，我们终于可以摆脱杂草困扰安心种地了。每逢夏天，需要家中三人忙碌数日的活计成了过去。家里的馆藏展品又多了一把长镰，挂在谷仓梁间，让流逝的岁月蒙上锈迹，也让形呈三角的蛛网拉在镰锋和镰柄之间。我们的田地变得清爽，跟所知的现代农场颇为相像，有了点整洁意味。堆料场上的老旧农机铁锈斑斑，场子四周荨麻肆虐，杂草丛生。我背着喷雾器，又杀灭了那些荨麻。这才像个现代农场。薄似烟雾的药滴确实奇妙无比，连父亲也彻底认同，心服口服。我们开始起步，迈向未来。

我很清楚，我们已经落后于潮流。自第二次世界大战以来，复合农药早已在田间清除杂草，对治病害。1939年，瑞士化学家保罗·赫尔曼·穆勒发现，十九世纪七十年代合成的化学物质滴滴涕可以杀灭昆虫。滴滴涕跟硝酸铵一样，也是获颁诺贝尔奖的"科学奇迹"。第二次世界大战期间，滴滴涕杀灭的蚊子不可计数，因而让斑疹伤寒在欧洲几乎彻底绝迹，此后短短几年又在美洲根除了疟疾。滴滴涕还作为农药进入市场，除了杀灭携带病原体让农场牲畜致病的各类昆虫，几乎还能灭除毁坏作物、糟蹋庄稼的所有真菌、细菌、昆虫或其他有害生物。

地上的大麦叶子曾经发生霉斑，植株显得萎靡枯槁，行将废掉。我清楚地记得，目睹此情，父亲彻底一蹶不振。我们所有的庄稼都是如此，容易遭受病害。由土豆萎病引发的爱尔兰土豆饥荒可谓声名狼藉，那是过度依赖单一作物所致的浩劫。可是，这场灾难并非孤例。这只是杀虫剂降临之前，让所有人满怀忧惧的骇人（一百万人死亡，一百多万人背井离乡）场景：粮食绝收和庄稼腐烂。若能免除害虫肆虐、作物生病，还能生产营养丰富又价格低廉的大量粮食以供"全球食用"，则是天翻地覆的一场革命。

杀虫药剂和人造肥料是卓越的新型工具，能让我们比过去更为高效地从事劳动。无论是昆虫、疾病而或其他生物作祟，还是细菌或霉菌肆虐，都让人类的食物蒙受了惊人的损失，这种损失不仅见于作物的生长过程，也见于运输、储存和销售的环节。化学家让农业生产和食物供应获得解放，彻底破除了自然界亘古以来施加的束缚。

❦

第二年夏天，父亲身穿蓝色T恤，开着拖拉机，杀虫药水在身后腾起一大片乳白烟雾。那台旧拖拉机在大麦田上走来走去，半个机身隐没在水汽之中。车后是个阔底农田喷雾器，在拖拉机两侧展开二十英尺长的作业双臂。父亲也想跟别人那样，要让麦地"干干净净"。杂草肆虐的时代就此告终。

看他喷洒农药，我就能想起祖父对拖拉机有多嫌恶。他固然使用拖拉机，也使用由拖拉机驱动的各种机械，但他对那种工作方式不予认可，因为在攀上机械的那个瞬间我们便已离开土地，不再碰触，不再闻嗅，也不再感知。亲密接触是了解农田的前提。现在，我们将越来越多的工夫花在拖拉机上面，把自己关在玻璃、钢铁和塑料之中，让空调和电台搞得心不在焉。在他看来，跟役使牲畜和动用双手相比，机械作业的重要性位居末席，就连白痴也能开着拖拉机在地上转来转去。问题却是，机械一天可以处理的地块在大幅增加，我们的选择却日益有限；留在地上耕作的人数量日减，依旧种地的人花在田间地头的时间也越来越少。

二十世纪七十年代，祖父开一台四十五马力的麦赛福格森拖拉机，而现在，我家的拖拉机已有一百马力，有些朋友家则到了两百马力。在大型农场上，巨型拖拉机会像玩游戏那样将一棵大树连根拔起。非但如此，大型农场的新式机械有着不可思议的工作效能，乃至能将整片土地另作规划，重新使用，此情此景让人无比震惊。大型机械处理土地不动声色。农田可不是什么博物馆。碎小、细长、高低不平的地块源于马匹时代，放在今日一无所是。树木、岩石、荆棘、界墙和湿地，都被纳入整齐划一的机械作业。田地很快变得平坦廓大、排水通畅、杂草稀少。各类妨碍微不足道，不管是林地树篱，还是池沼河流，若非清除一空，彻底排干，则必拉直改道，掩土填埋。机械所至，一无障碍。廉价食品催生了高效农田。一台新型联合收割机价值五十万英镑，既然如此，当然不会将它挥霍于碎小地块，肯定要尽其可能地扩大作业区域收回成本。

🌱

　　家里的餐厅墙上挂着航拍的农场照片，图片就是我家的农场。一位别出心裁的摄影师不惮弄险，驾乘轻型飞机完成了这些作品。每过两三年，他们都会拍这类农场图片卖给我们。面对图片就能看到农田和屋舍在如何变小，当然，那不是一夜之间的巨变，而是稳步推进，逐渐蚕食的结果。细细查究则会发现田界在如何急速消失，界墙、树篱和围栏已然无影无踪。一次参加农业展览会以便出售绵羊，我们难得去了一趟英格兰南部。一路上我们始终看着窗外，眼前的景象单调得让人吃惊，从天际推向天边，从天边推向天际，触目入眼尽是密密簇簇的庄稼，而且只有一两个品种。如是景象并未限于农场一隅，现在已经蔓延到更广的范围，放眼望去，所有地方都在专门从事一两种生产活动。传统的混合农场则规模有限，需要一个人种田，也需要其他人四处放牛牧羊、修剪树篱、垒筑界墙，或是干些别的手艺活。这些活动跟新式农场毫无干系。

🌱

　　舅舅和舅母曾赴北美度假，亲眼见识了发达的畜牧生产和高效的农业机械。跟这边相比，那里的农民拥有状况很好的平原农场，接纳新生事物也走在我们前面。从美国返回后，他们成了宣说变化、传播潮流的福音使者。他们带回了棒球帽跟好时巧克力棒。他们说起更为先进的拖拉机、发达的农业机械，以及改进的牛羊品种。不久，如是一切便进入了本地农场。习惯了手持铁锹长年挖渠，跟着马拉犁铧手脚冻僵，在草场挥舞长镰，两手磨出水泡，汗水湿透衣衫，这些潮流和趋势不啻跨入未来的巨大步伐。

※

母亲在厨房里抽泣，面对家人泪流满面。这是前所未见的场面，搞得我们不知所措。除却困惑，我有一种从未有过的感触，那就是蒙受了羞辱。我们合家为一位农民朋友送葬，事后全家大吵大闹，吵得都忘了事情的根由。父亲没穿得体的丧服，分明在给全家抹黑。在那种场合，不管怎样，男人都该显得庄重，站在教堂后面亦即墓园之中，吟唱古老的诗篇歌颂牧人之际，应该身穿深灰或纯黑的厚羊毛外套以示哀戚。我对得体着装毫无概念，家门失和却因此而起。父亲有个妹妹说他着装有失体统，显得邋遢寒酸，让她丢脸。父亲只是因为没有毛质丧服，所以穿了一件薄薄的外套。他有违严肃庄重的葬礼成例，让人们看破了我们的家底，觉得我们并非着意违规，而是财力有限。

吵完之后父母和祖母回了农舍。父亲坐在炉火边的椅子上一言不发，又是难过又是愤怒。我紧紧地攥着茶杯。我想让母亲别哭，又不知道该怎么劝解。祖母拿橱柜里的东西说事，毫不相干地唠叨不休，一面是女儿伤人的话语，一面是儿媳难过的眼泪，她夹在中间左右为难。母亲呆呆地靠着餐桌，不承想耕地种田还有如许之多的稀奇规矩和古怪讲究。此前，她从没见过如此隆重的葬礼场面，不知道个中用意，也不明白规矩和讲究。她平素很少流露情绪，这次却毫不节制。她说他们"休想得逞"，不就一件破外套。我顿时明白，根本问题是钱。父亲没一件像样的外衣，乃是因为母亲一直在省钱。几年前，父母借钱买进祖父那个老农场的土地，由于利息疯长，最终背了一笔巨额债务。母亲说他们花钱就会造孽，不花又会遭罪。她清楚自己已经没法应付，家里只能做做样子掩盖窘境。多年以后，父亲才原谅了他的妹妹。事后好多年，每逢葬礼，他都要细细打量我们的衣服，以保证我们着装得体，免失体统。

※

银行经理会定期上门。几杯奶茶和三碟糕点早就备好，桌子上是盒装的银行声明与账单。他们开始交谈就会打发我出去忙活，其实为了将我支开。然而，事后吃饭的时候，父母四目相顾，默然无声，足以说明形势相当严峻。我们境况如何，祖父心知肚明却视而不见，拗着性子直到去世。父亲自然无法那样，说我们还得好好努力以免破产。

现代世界如此凶险，我开始拼命翻阅经济学家的著作，据说他们清楚其中的运行规则。我钦佩他们直面现状的态度，尽管也清楚我所挚爱的这方天地会结局很惨。早在1942年，约瑟夫·舒姆彼得就预言了今天的一切。他说，小型农场必将消亡，对社会而言也是好事。在他笔下，这是资本扩张的必然结果，他称作"创造性毁灭的永恒风暴"。没人愿意站在历史的错误一面，只是想解决问题而已，经济学家如是说。小型农场的农民像煤矿工人，是属于昨天的一个群体。重回学校，接受训练，另觅出路。厄尔·布茨，尼克松总统的农业部长，跟农民的一席谈话相当有名，他反复强调，"不做大就做死"，要尽可能在"栅栏旁侧"种上类似玉米那样的经济作物。他说走老路没有盼头，只能遭到淘汰，"本国尚未重返有机农业前，会有五千万美国人饿死或挨饿，得有人决定这些人是谁"。

劳作之际，我经常把这类经济观点说给父亲，他会付之长叹，一言不发。我清楚，我们得增加"产量"，提高"效率"。我们得计较利害，不能再浪费大量的时间干那些没钱可挣的事情——父亲经常自愿修剪村上的绿地，粉刷村上的会堂，要不就是帮邻居剪羊毛、晒干草。他喜欢训练小马，一干就是几个小时，也爱去拍卖市场，学其他人贩一点牛羊。

新技术及其应用方式彻底瓦解了我家的农场，就像从破夹克上抽掉松了的旧线那样。先是马匹消失，接着猪猡不见，然后是小群的火鸡和母鸡无影无踪。从农场除去一两样东西就会影响全局，引发连带效应。卖了马匹，我们也就无须在地上种植燕麦。卖了奶牛，挤奶的台子便长了荨麻，搅拌器、奶板和奶格最终藏在橱柜里积纳灰尘。大麦田和蔓菁地也成了过去。我们转而从本地的一家工厂购买廉价羊饲料，这些饲料用美国进口的羽扇豆、玉米或棕仁加工。不久，父亲租种的农场一片绿色，简单划一，无复其他。

放眼望去，一场声势浩大的简化运动正在大地上全面展开。随着全国上下穷力效仿，以图紧跟集约化发展的农耕潮流，这种态势愈演愈烈，将惨烈的淘汰运动推向高潮。我躬逢其事，目睹其情。农舍之上潮流叠现，耕种单一作物，饲养特定牲畜，追施工业肥料，喷洒化学药水，购置新式机械，只要能够增产趋新，任何外来的观念和物品都会不加甄别，一概利用。这跟手执利刃一决高下没有区别，大型的现代农场发起攻势，意欲吞噬我们这种小型的旧式农庄。

※

农耕的经济趋势意味着农民置身局外几无可能。单纯出于一己所愿，而在某些时候想按键"暂停"略加迟延，身为农民已然没有这种选项。一旦脱节，即便不会破产，也会像我们那样债台高筑。农产品已经实现了全球定价，何况超级高效的新式农场主宰了北美，而且迅速席卷世界，它们输出的海量商品又对市场价格造成了冲击。为了阻断或弱化这种态势，欧洲强化了监管力度和贸易保护，却每每归于无效。他们对农业另有说辞，就动物检疫和抗生素使用出台了不同的规定，类似的不少问题却也随之涌现。现代农业通过削价瓦解了传统农耕。现在，农产品的价格既不能反映产地信息，也不能说明节令要素。若论报酬，我们现在的羊价仅为一二十年前的一半乃至更低。只要价格呈现上涨趋势，满载冷冻羊肉的巨轮就会从新西兰驶抵英国海港，又将售价再度压低。

❦

有个在政府谋职的威尔士人身材矮小，蓄有短髭，每年都会来我们的农场。他怂恿我们向政府施压，以获得资助"改善"农业现状，比方扩充农田，排干沼地等，总之都是为了追求"高产"。

❦

有时，我会奉命前往本地规模最大的农场干活，顺便从近处看看现代农耕到底是一副什么模样，诸如巨大的机械、宏伟的建筑，以及不见杂草的辽阔田地。我所知道的那些农场由于扩张显得有点破败，因为他们在旧式农舍上渐渐附加了新式建筑。那种情状跟寄居蟹颇为相像，蟹壳边缘在一圈一圈地向外生长。二十世纪五十年代，本地农场建筑的跨度打破了二十二英尺的旧制（本地树木用为梁材的限度）。每过十年，这个数字便会更改，现在，一两英里之外便有宏伟的农舍和大型综合工房，以巨型钢梁和水泥板条建成，跨度超过八十英尺，长度则为二百五十英尺甚至更多。就外观和性质而论，农场不久便成了高效运作的工厂。伊顿谷地有个猪场，大家都知道，为了改建而动用推土机，将美丽的古式厩舍并漂亮的拱形房梁彻底夷平，搞成一堆破砖烂瓦和石头残基构筑新舍。在父亲眼里，这是无所忌惮的破坏行径，是新式农耕蔑弃古物的典型症状。换作新潮视角，这些古旧建筑一无价值，只是妨害革新的一重障碍。

十年前，我跟一个头发姜黄的男孩一起玩耍，他就住在那个猪场的村舍之中。猪场养猪五千头。我们在圈舍之间乱窜，母猪在育崽格栅中呼呼噜噜，把铁链弄得叮叮当当。掀起沾满灰尘的猪栏栅窗，橘色高温灯具下是厉声尖叫的猪崽。猪栏地上粪尿相混，阵阵氨气熏得我们眼泪直流。老鼠随处可见。有个男人叼着香烟，据说就是"猪倌"，叫我们"快滚"。到了二十世纪九十年代，那个猪场已经存栏十二万头生猪，每星期向超级市场售猪达五千头。场主有个车队，用以运入饲料，也把生猪送到屠宰场。回顾往事，他确实选择不多。新型农场大幅压低了猪价，跟历史水平相比已经大打折扣，非但如此，还将每头猪的利润零头挤得微乎其微，最终只有依托工业的大型实体才能生存，连中等规模的农场也无力竞争自保。父亲以前养过十四头母猪，每年出栏大概一百头肥猪，可是，跟成千上万的小型猪场一样，我们只能关门倒闭，代之而起的则是工业化规模的少许猪场。养鸡也是这种结局，因为工业化养殖轻而易举，用非常便宜的谷物饲喂亦非难事。尝尽苦头后，我们只有识相认输，屈从于历史潮流和时代大势。

※

有些事情起初看来是个绝妙主意，后来却成了遥不可及的缥缈景象，我不太清楚这种变化始于何时。我不敢自诩聪明过人，只能记得若干片段，记得首次发现父亲的困惑越来越多，我对未来也开始陷入了犹疑。

我目睹惨象，感受窘境已有好几个年头。我们跟技艺娴熟的农场工人挥手作别，让交货价格①折腾得一蹶不振，不顾曾经认定的上限增加牲畜数量。我们知道有些农民已经无力承受，干得昏天黑地却债台高筑，顾此失彼。有些农民已经陷入赤贫，要想视而不见都没有可能。

我看过的经济学著作都在谈论形势如何好转，至于人们最终失败，处境悲惨，苦苦支撑数年乃至数十年之久，则涉笔不多，所以如此，乃是由于他们知之不多。农民群体正在遭受打击，濒临崩溃。

---

① 卖方依照合同规定的时间和地点交货，而且负担买方购入之前的一切费用和所涉风险。因而，交货价格并非商品售价。

泥塘边有些零星的蹄痕，里面有一点挣扎的印迹，除此之外，母牛没有留下任何痕迹。

离家几英里之外是我们租来的草场，几头母牛从那里逃走，我们慢慢走过田野，循着踪迹一路寻找。那几头牛两岁大，十分捣蛋，肥肥胖胖，一身红色的卷毛。它们挤过一道老旧的树篱，穿过崎岖不平的旷野，又挤过一道树篱前往一片辽阔的田野，最终进入一处开辟不久的奶牛农场。我们把牛赶回草场，还有一头不见踪影，我们修整好受损的树篱，然后打探那头牛的下落。父亲很快明白了原委。它闯进了农场的泥坑，才发觉那片烂泥并不像看着那样硬实，于是拼力挣扎，结果陷到深处，最终沉了下去。父亲十分沮丧也非常生气，那是个泥塘却没有必要的防护，分明搞得相当危险。他甚至打算钻到里面印证自己的判断，幸好觉得危险而打消了念头。

农场的主人赶到后极力辩解，说我家的牛并没有栽进那片泥塘。父亲让他不要瞎说，清掉烂泥牛就会出来，接着告诉对方，他只要当初做点防护，我们的牛也不会钻到那么深的地方。趁着还没小孩出事，他应该着手设防，杜绝风险。回家的时候，父亲一路咒骂有些农场搞得又脏又乱，搞得相当危险。他说："那种地方绝对会要命。"我发觉我们好像全都旋入了激流，任凭奋力挣扎，越游越快，却渐渐精疲力竭，最终没入了暗黑如漆的沉沉深渊。

※

我们站在小棚上面，拿着撬棍和羊角锤子，要拆去牛圈顶上铺设的木板。天上多云，不算太冷，水汽凝在板子上化为水珠儿在往下滴答。拆出洞眼后，一股热气便散逸而出。近期肺炎发作，我们的牛圈过度拥挤，而这种疫病最容易在暖湿的地方肆虐，我们别无选择，只能设法输入新鲜空气促进流通。每年秋天，父亲都会在本地市场买些一岁牛犊作为"储备"，夏天赶到草场牧养，冬天收回圈里垫上麦草。那是最新的"大陆"品种，上膘很快，可以迅速出栏。利木赞肉牛一身红色或是黑色，这种牛生性狂野，桀骜不驯。夏洛莱白牛比土种肉牛高出一英尺左右，只要喂好简直就在堆肉。比利时蓝牛黑白相间，后臀晃着两个肉团。父亲购进这些品种精心牧养，冬日饲喂，育肥长膘，然后卖给屠户宰杀。我们花了点工夫，把废弃的干草棚略加改进凑合着养牛，同时调整圈门，以便它们进去食用青储草料和购买的饲料。每年下来，我们的牛越来越多，地方却越来越少，由于利润在逐年递减，只能增加养殖数量以维持总额。但是这样又滋生了其他问题，牛在圈里过于拥挤，踩踏地上的麦草就会弄脏自身，何况那是草草改建的厩舍，空气很快就会污浊不堪，自然会染上在狭小空间发作的疫病。有时我们会碰上祸事，折损两三头肉牛就让整体盈利化为乌有。这些肉牛固然相当出色，产量惊人，可是若论健壮强悍，却比不上我们以前养的本地品种。

　　除了肉牛，家里的羊也越来越多，是祖父那个时候的两倍，甚至三倍。每逢父亲去原属祖父的农场干活，我跟母亲就在家里照看母羊产羔。我们更换了新潮的"改良"品种，长得更快，肉质更好，售价更高，但这种羊喜欢店售饲料，又对羊羔马马虎虎，不太用心，而且常常会莫名其妙地死掉。育羔期间，整天的时间都不够我们使用。我们拿草绳捆绑草捆和板条，构成隔间，把母羊一一隔开。母亲会忙前忙后，操心体弱的羊羔吃奶，灌满水桶，投喂干草，垫上麦草好让它们干干净净。奈何圈里事情太多，而我们又人手不够。每逢雨过天晴，我们就会开车把体质最好的母羊和羊羔拉到草场，保证初做妈妈的母羊能够用心地照顾羔儿。若有母羊待产，我会帮母亲逮住，因为几年前她摔得很重，脚踝放有钢针，忙完一天就会一瘸一拐。父亲进门又累又饿，对我们管羊的事挑三拣四，又说荒山那边天气更糟，母亲听着就十分生气。晚饭时分，他坐在草草而备的餐桌前，总是一句"叉子呢？"，看母亲的脸色，恨不得在他的胸口狠狠捅上一下。

我看得越来越清楚，家里对牲畜的想法和态度也发生了转变。农场牲畜绝不是什么宠物，我们很少会倾注什么感情，只是现在，由于种群越来越大，而且工业化意味越来越浓，精心照看自然大幅减少，类似休戚与共的那种感觉也几近荡然。我们对这些牲畜的脾性一清二楚，它们都有自己的故事。要想赢得"牧场主"称号，那就意味着要对所有的母牛和母羊无所不知。可是，在日渐走向现代化的农场之上，有些情况已经发生了变化。人们固然没有虐待牲畜，我见到的糟糕情况也不算太多，只是它们越来越成了单纯的产品。

放眼历史，禽畜产品，诸如肉食、奶品和蛋类差不多始终价格高昂，所以如此，乃是因为过去没法以高效的工业化规模进行量产。饲养数千猪、鸡或牛，仅是杂事，就会把以前的农民搞得焦头烂额，一败涂地。那个时代，喂养禽畜的饲料差不多就种在地上，差不多也由动物本身采食收获。照这种情况，养殖规模只能限于能够保证过冬的程度，只能以所种的耐寒作物如蔓菁投喂，或以收获之后存入谷仓的庄稼，诸如大麦、燕麦和干草饲养。现在则一无限制，成吨的廉价饲料只需一个电话就能解决。农民随时都能扩大生产规模，既能利用严控养殖环境的廊大建筑，又能格外高效地将饲料置换为肉食、蛋类和奶品。除非自甘吃亏，现代农民绝不会像父亲对待老黑那般，养一头品种老化或孱弱生病的母牛。不论是生猪、小鸡，还是母牛，进入这些宏伟的厩舍便没有独特的生命可言，好像成了一株作物，成了批量"赢利"的一个整体。在大部分人眼里，这番变化或许无足轻重，可我觉得别扭不安。

谁都清楚，在现代化奶牛场里，根本不可能像以前那样让牛群进入牧场。一旦农场的牛群超过两百头，户外经管就成了问题。这些活干起来可没完没了：行经大道小路干扰正常交通，碰到雨天则要损毁田地，仅是如此庞大的数量也足以破坏草场。与之相比，割好草料开拖拉机送到厩舍饲喂还算"效率"很高。母牛免于走动还不会"浪费"热量——这种想法于理可通也"势在必行"，却让父亲十分反感。由于身边的朋友就是这种做法，公开讨论就会难免尴尬。那时掀起了价格大战，超级市场上也为低价牛奶投放广告。牛奶价格低于瓶装饮用水，面对售价下跌，奶农没法无动于衷。他们只能扩大规模，提高效率，要把事情做得万无一失。他们会说，牛在圈里很好，他们也在尽力而为。父亲绝不是什么保护动物权益的狂热分子，冬天他会赶牛进圈，有时把牛弄脏也不会在乎，觉得农场养殖本该如此。可是，设若夏天不让它们在户外采食，开春不容它们在草场上奔逐耍闹——他绝不认同这种做法，如此限制跟他理解的母牛权利存在冲突。然而，新式农场自有养殖伦理和权利意识，迁就此道的农民只好调整自我认识，甚至破除既有的观念。有些事情起初让人震惊不已，不久便会目为常态，习见不惊。

其实，如是一切并非常态，我所读的史书就写得一清二楚。在二十世纪前，不管基于什么原因，若将大群牲畜关在同一栅舍、棚厩或草场之上时间稍长，那就等于招惹麻烦。由于环境肮脏容易导致疫病和虫虱，而且无由获得机体所需的维生素跟矿物质，牲畜圈养若非萎靡乏力，便会滋生疾病，那年冬天我家的那几头小公牛就是这种情况。所以，密集养殖力求高产的农民一不小心，就会搞得倾家荡产。

换作野外，大量虫虱固然也会寄生于牛羊猪鸡这类牲禽身上，其致害能力却相当有限，因为这些牲禽散处于乡野，又跟其他物种混在一起。何况，通过分泌唾液，撒尿排便，疫病传播的风险也会降低。因为猛兽驱逐，或是自己活动，自由采食的野生动物会离开积有粪便的区域寻找新鲜牧草，受累于肠道蠕虫的可能就不会太大。传统畜牧便在效法野生机制，不管由牧人赶在圈舍四周走动吃草，还是任它们在整片原野上自由觅食，牛羊都会十分健壮。野外草木繁多，牛羊既能找到所需的食物，也能觅得矿物质和维生素，如果发病还能自愈。

依照集约化的养殖思路，牲畜圈养不但肮脏污秽，而且紧张压抑，乃至发病，解决问题的医疗手段，尤其是抗生素、打虫剂、激素和疫苗，就会继而亮相。规模化的工业养殖让棚舍之中的牲畜过于拥挤最终致病，使用抗生素可以摆脱这种困扰。抗生素原本用以救治患病的个别牲畜，可是，现在居然成了针对畜群的防疫手段，尤为可怕的是用来促进禽畜生长。二十世纪五十年代，纽约的科学家发现，将少许抗生素加入饲料，牲畜就会加速生长。后来，饲料添加抗生素便成了常态，这番操作尤其见于集约化程度最高的美国牛场、鸡场和猪场，成了促进饲料转化的常用手段。

抗生素和疫苗之后，其他药品悉数上场：驱除肠道寄生虫的灌服药物、杀灭体外寄生虫比如虱虱的喷洒药剂、促进牲畜快长的各类激素，以及体外涂抹以清除皮毛寄生虫的有机磷酸酯，等等。配备这些药品，农民就能在限定的区域内潜心养殖，将规模扩大到前所未及的水平。农场成了机械系统。养殖呈现出量化趋势，好似由会计人员预先计划一般。评论谓之"工厂养殖"。

父亲间或受雇于一家大型奶牛场收割谷物。他开一台加挂巨型车斗的巨型拖拉机，把谷物从地上运往粮仓，因此亲眼见识了奶牛的养殖情况。他十分反感马虎草率的工作态度，收工回家后经常唠叨不休。他说那边的奶牛每天产奶怕有十加仑，可是奶牛处境极糟，孱弱乏力。这些奶牛无法应对天气变化和疫病袭扰，只能像纯种赛马那般悉心呵护。圈舍里十分之一的奶牛总是一瘸一拐，腿部关节和足部关节都有伤病。它们腰身佝偻，活似老牛，拖着肿胀膨大而易受感染的乳房步履蹒跚。年迈的农场主管曾经志得意满，对这些奶牛溺爱有加，可是随着牛群数量激增，漫无休止，好多事情越做越糟。他抱怨数年，最终离职而去。

一天，一头母牛产崽，事情好像没有专人负责，几个小时后让牛犊给白白死了。父亲又是生气又是不解。他没法理解竟然会有这种事情。老板的父亲已经上了年纪，随后赶到，看着撒在水泥地上的牛犊破口大骂。事情明摆着，根本没人像他当初那样得心应手地照看母牛。他骂旁边的人都是"没用的饭桶"，不过，看到新式农场致使农民不堪重负，疏于照顾，他似乎也颇为无奈。现在，他年事已高，根本没法动手纠错。在场诸人也无非耸肩摊手，相互推诿。父亲发现，农耕、农田、农民和奶牛早已无足轻重。执守传统的农民在精神深处已经遭受重创。身为农民，娴于观察，精于识断的那份自豪正在消失。当年，祖父只要站在圈门口一扫，凭着切近细腻的眼光，这些事情就会了然于心。以传统路数经管牲畜，既需要专家那样的见解与识察，又需要能手那样关照到位，清楚所需。可是，这类技能不易扩大范围，用于大规模生产，因为如此照料没法形成统一标准，或者说没法预先采取行动。牲畜大小有别，形体相异，成熟的时期也各有不同。农民自然会宰杀牲畜，保存肉食，烹制食用，可是也要等待时机成熟，条件具备，并非每个星期都能这样。所以，传统生产跟工厂的标准操作大相径庭，根本没法在同一时间将统一货品准备齐全，上市销售。居然能将农场牲畜加工得整齐划一，实在让人不可思议。

我们的有些朋友就信奉高度集约化的养殖模式。不论在酒馆闲聊，还是在畜品展会上交谈，我都能清楚地感觉到，他们在用全新的思路经管牲畜。身为农民，他们像是彻头彻尾的另类物种。他们动用科学、技术和工程手段解决养殖问题，使一切都以工业化的效率高速运转。他们成了经济学家观念的化身。

动物遗传学专家能够识别并剥除"无用"的遗传特征，其中就有动物应对半自然环境的天性和本能。他们关注的焦点在于强化牲畜的生产属性，比如加速生长，增大体形，促进产奶，以及高效饲喂。随着牲畜品种的代际更新，用于活动、觅食，乃至自然繁衍的躯体部分在衰减萎缩，对人类消费有用的部分又在加速膨胀。农场牲畜的这番躯体变化并未猝然而至，却在利用一种无比奇妙的要素，使整套科学原理和综合工具相辅为用，以求呈现"边际效益"，恰如精英运动团队那样协力齐心。然而，这种为动物塑形的做法不容小觑，也不容乐观。

养殖高产尤其见于生猪和雏鸡，因为这两类禽畜可以大量舍饲，既能极速繁育，又能非常高效地将廉价谷物转化为肉食。经阅读得知，自二十世纪五十年代以来，在效率最高的养殖场中，雏鸡从孵化到宰杀的周期已从六十三天降至三十八天。雏鸡所用的饲料由此减半。与此同时，这些新品生猪和雏鸡以抗生素维系生命，以成堆的高蛋白饲料育肥，圈养环境则保持恒温。农场动物永远是充分利用的对象（"充分利用"并非十分悦耳的辞藻，不过，无可辩驳的事实却是，所有的细胞生命体都在依靠其他有机体维系生命），只是在这些密集养殖的禽畜那里，这种现象到了极致。

大型企业经过策划，促成了如是变化，进而"据有"这些新品生猪和雏鸡的遗传信息，最终垄断了供应环节与生产过程。大公司几乎尽数掌控了雏鸡养殖，养殖散户若非彻底消失，则只能"签订合同"为他们养猪养鸡。到我二十岁的时候，除了几英里之外的一两家大型工业养殖场，所有的地方农场几乎看不到一只雏鸡，一头猪崽。

我的朋友和本地好多人家都是奶农，所以，如是变化非常真切地呈现在我们眼前。父亲小时候，我们这里差不多都养短角奶牛。这种牛红棕杂白，腿脚粗壮，可以十分强悍地应对户外环境，还是既产奶又产肉的"两用"品种，虽然产量不是太高。在传统养殖条件下，一头奶牛的产奶基线有准确无误的历史记载。翻阅短角奶牛的养殖年鉴可知，1954年到1955年，我们这里规模最大的牛群有三十三头奶牛（并附记产奶总量）。短角奶牛协会曾为产奶冠军颁发奖章，获奖奶牛每天产奶三四加仑。二十世纪六十到八十年代，短角奶牛先是被弗利西亚花牛取代，然后，九十年代又让位于北美的荷斯坦奶牛。跟我小时候父亲所养的奶牛相比，这种基因大幅改良的奶牛产奶要多出两倍，也就是到了每天九到十加仑的程度。暂借片刻继续讨论并非多余。奶牛从入户舍饲到逐渐改良，到日产牛奶四五加仑，前后经历了一万年之久，然而在我短短的一生之中，这一数值就翻了一番。不解养殖的群体很难明白这一变化有多不可思议。现在，产奶量最高的奶牛经历两三个泌乳周期（产崽后的产奶周期）就会彻底废掉，究其原委，若非躯体僵化，便是乳腺炎症，或者，仅仅由于单纯追求产奶高量而耗尽了生命。父亲也养荷斯坦奶牛，却十分不屑，他说，这种牛户外淋雨都会着凉。

触目惊心的是，这个追求高产的进程非但未曾缓解，反倒仍在变本加厉。今日，英国最大的牛群超过一千头奶牛，放眼全球，这个数值在有些地方已经超过一万。英国一半以上的牛奶由永远圈养的奶牛所产。著名奶场的品种更新已经快得令人吃惊，群内只留母牛所产的头胎母犊，因为等它再度产崽，换代品种（相差一岁）已经占据了遗传优势。

养殖的禽畜在户外消失的同时，以前在平地上成群踢球的农场工人也不见了踪影。我家的最后一位住场工人叫斯图亚特，1978 年他搬到镇上，把小小的卧室留在了祖父的房内。他像我家的族外亲人，身患癌症后由祖母照料。他甚至充当老师，给父亲传授农耕技术，做得比祖父都好。

三十年前，像他这种男人（还有妇女）到处都是。他们对农田牧场了如指掌，连有些农场主都没法相比。可是，年复一年，农场的工人却越来越少。如今，很多人从未涉足滋养他们的田野，他们到底是摆脱了不用动脑的苦工，还是疏远了维系生命的农耕——立场相异自然结论不同。

❀

我们的生活越来越破碎不全，越来越关在门里秘不示人。现在，父亲那代人熟悉的乡村舞蹈徒有其表，已然远去。这些社交活动需要人们举足出户，可是，二十世纪八十年代的酒驾法案几乎让如是一切荡然不存。二十年前，我们村上的酒馆便已关门，现在人们差不多都待在家里。父亲的有些朋友只要可能就会竭力抵制，不惜前往远处村庄的酒馆，返回途中为了躲过追捕的警察，只好横穿蔓菁地或大麦田，最终搞得一身泥巴，满车划痕，在清晨时分磕磕碰碰地回到家里。村上的会堂败落失修，满是灰尘。村里的人变得越来越少，留下的人变得越来越老。现在，人们希望离开市镇，前往风光优美的乡野村落休闲放松，他们比最后的那批农场工人有钱，因此，以往贫富不等的乡村现在以中产人士居多。随着电视兴起，新式居民和现代技术蜂拥而入，乡村的文化面貌也非复昔日。现在，好多人远离了农田牧场，出入于镇上的店铺、影院和娱乐中心，行止举动都在这些文化圈子之中。我小时候，无论是收获节庆，还是会堂拍卖水果、果酱、面包和太妃糖，都是村里不可或缺的大事，现在却变得无足轻重，成了回忆。

※

身边那些经营大型农场的农民都一副厄尔·布茨的派头。他们大都出身于农业院校，信奉效率至上的教条。他们是"商人"，投身于残酷的竞争最终胜出，其他人则尽数失败，放弃抗争，辍耕不作。一切必须做大，一切必须从速。他们是冷酷无情的资本家。父亲让他们搞得有点糊涂，说他们是"穿衬衫打领带"的农民，开着奇幻的路虎"大事招摇"。他们不会弄脏双手，看那派头俨然在为某个公司做事——开列每头牛的产奶均量，谷物所含的水分多寡，产品的成本耗费，等等。总有几十号人为他们效力。大型现代化农场的工作肮脏乏味，而且缺乏技术含量，较之已然消失的娴熟"饲养"和"农场手艺"，更像机械重复的工厂操作，所以员工流动相当频繁。离家谋生的工人来来去去，从来没有人真正知道他们的名字。旧式农场的工人向来认为，工作期间他们和老板相互平等（我们这里的小型农场至少如此），可是现在，工人绝无可能去农舍附近的任何地方。父亲觉得他们不务正业，忘了本分。农耕所以兴味盎然，令人愉悦，乃是因为可以亲手接触禽畜，可以在田野上展示技能，可是，让人百思难解的是，这些人从来不干这类事情。尽管这些工人比他富裕不少，他仍旧觉得他们相当不幸，因为在他看来，人不管有多可怜，总比困在办公室的公司老板好些。

父亲手持带锯，正在锯树，远处的林间传来了回声。他一边前行，一边把木块留在身后，捡起一看，年轮密布的断面一派鲜亮润湿的橘黄。我把木块扔进车斗，拉回家晾干烧火，碎条细枝则聚堆焚毁。我们是在清理荆棘夹岸的一段沟渠，以前总会修剪维护，现在只能一清了之。

我们几乎不再像以前那样动手修剪树篱，这活跟割除刺蓟一样费工费时，人们已经没有兴趣。约翰也是我们农场上最后离开的工人，修剪树篱这种手艺活原来由他搭手，等他年老回家，便撇在地头不曾打理。起初，这些树篱茂密狂野，竞相疯长，过了几年底部不复浓密，其他草木便会蔓生缠绕，最终成了一道参差蓬乱、年深日久的灌木。这条林带枝条丛生，旁逸斜出，不但刮坏了售价高昂的拖拉机，还因为无法割取，浪费了下方的大片牧草。更何况，由于风暴过境，这些老树会最终倾倒，失去田界的意义和功用，只好动用带锯或挖掘机彻底清掉。如此一来，我们的农田就会地块更大，效率更高，树篱和界墙则成了令人生厌的障碍。留着不挖的树篱会启动机械打平打齐，那是个附在拖拉机一侧的装置，好像伸缩臂上带着割草机。用不了多久，一道顶部平整的树篱又出现在眼前，远观像模像样，其实徒有其表，不再中央辫织，茂盛浓密，生气昂扬。跟我们儿时密致的树篱相比，这些灌木矮丛会越长越老，最终消失，留下一片光秃秃的田野。

地上的木块行将装完，我不禁回眸反顾，朝那片空地投去一瞥。昔日，那是一道蓬勃狂野的树篱，记得小时候，我就跟村上的六七个孩子在那里捉迷藏。十几岁的时候，我还看到有个比我大的小伙子手提气枪，在那里打了一只野兔。兔子在地上扑腾，像是要甩掉打进头部的枪弹。可是现在，那道树篱，还有昔日的时光，都被抹得一干二净。

从第二次世界大战以迄今日，英国已有超过一半的树篱没有了踪影。每年总有数千英里消失不见。有些树篱已有几百年之久，里面尽是让人惊喜的奇幻生灵。当年碰到树篱我们视而不见，可是现在，随着时间流逝，它越发显得引人注目，难得而稀有。

🌿

现代农耕让我心生疑窦，暗自纳闷，而到最后，这种困惑渐次滋长，越发强烈。我们的养殖成本日渐高涨，没有终了。我们无力竞争，最终失败恐怕没有任何疑问。我环顾四周屈从现状以求生存，可是旋即发现，触目入眼几乎找不到有谁遂心如愿。儿时玩过的那家大型猪场宣布破产，最终出售。昔日的大地绚丽多姿，尽是劳作的身影，各色各类的牲禽和庄稼，以及四处活跃的农场野生动物，现在却变得乏味单调，荒寂寥落，整齐划一，毫无生趣。

🌿

我们看到的"进展"越多，心里的反感就会越强。我们始终可以找到用以评判，借以对照的反例，因为发展风潮并未尽数占领祖父的荒山农场。我们仍旧坚守那块违逆潮流的小小农场，对父亲和我而言，那是跟现代农耕僵持对垒的一方阵地。让我始料未及的是，这新旧相兼的怪异组合最终改变了我们全家。单论日常景象，那里呈现了英国农场的"过去"和"未来"。那些景象几难见于其他农场，不禁让人要相形对照，评判高下。然而，最为显豁的比照来自我家两块田地之间的路旁，有个名唤亨利的老人以前住在那里。

❧

看面相，亨利是个典型的旧式农民，身材宽大，面色红润而略微显胖。他身穿一条粗花呢裤子，发皱的夹克口袋中露出一截草绳和一缕干草。他步态稳健，说话也慢条斯理。我们跟亨利相处不多，但清楚他是个好人。他租的那个农场跟我家一样，位于同一个片区。那个农场一派古意，有高大的石砌棚厩和漂亮农舍，都比我家要大。它应该有辉煌兴旺的历史。现在看来，那个农场已经过时，不见现代农场用钢架搭就的宏伟建筑。

❧

在我们这里，提说亨利的名字算是一种善意的调侃，身为农民，他从未追逐潮流，因而让大步前进的地邻甩得老远。那是一个旧式的混作农场，既种大麦，又种蔓菁，完全依从节令，有序轮作。亨利从不追施我们现在都用的化肥或浆肥，他会在冬天到地上撒施草肥，这些肥料来自他的牛圈，经过聚堆发酵。萨福克黑面大羊成群出圈，啃食大麦残茎和地上的蔓菁，赫里福德宽背公牛在牧场吃草。亨利固然是个出色的农民，可是已经落后一代，甚至两代人的样子。在我们看来，他在执守父亲的耕作之道。他对外界变化毫无兴趣，但也好歹算是活了下来。我们估计，他之所以能够免遭淘汰，乃是因为没有妻子儿女，即使没有多少钱财也能"波澜不惊"地生活。

亨利像最后存世的一只巨龟，搁浅于往昔的岁月，而跟他一样的人早就消失得无影无踪。我年轻的时候，只要驾车经过他那路边的农场，父亲就会谈论亨利坚守的耕作传统。他在夏末晾晒干草，不像邻人那样处理为青储饲料。与道路前方集约养殖的农民相比，他割草要晚上两个月，甚至更多，比我们也要迟一个月，"老好人亨利才要割草呢……"

父亲喜欢亨利。他常常颇为友善地调侃他已经"落伍"，可是这些年，他的声腔多了几分羡慕，而少了一点不屑。好长一段时间，我没听父亲说话。我的心思已在别处，盯着亨利的农田上方展翅而翔的田凫，那如同桨橹的双翼，那白色、黑色跟墨绿相杂的羽毛，那沐浴着冬日阳光的一派炫丽。我不知道自己何以如此，多年之后，那农庄之上的天空仍旧历历在目：时为冬日，麻鹬、田凫、秃鼻乌鸦，和成群的田鸫在上下翻飞，腾挪跃升。

亨利去世之日，邻人们似乎颇为悲戚，慨叹古老世界的那位子遗就此远去。他固然未曾站在农耕天地的前沿位置，却成了人们十分怀念的人物。主人将亨利所租的农场划为小块，分别并入相邻的大型现代化农场。父亲有位朋友的农场就在附近，因而分得亨利种过的土地。他在那份地上取样送检，想知道在土壤中加点什么成分才能增产（觉得应该追施化肥或石灰以求最佳效益）。为了清楚需要施加的化肥种类，集约经营的土地都会定期做土壤检测。

让人意外的是，据化验员反馈，他从未碰到过如此出色的土壤。亨利的土壤相当完美，无须添加任何东西。那块地上尽是蚯蚓，可见有多肥美丰腴。这条消息让父亲看到了真相。他十分震惊，因为由此可见，现代化耕作给土地带来了什么。本地最保守的农民竟然拥有最好的土壤。事情成了人们在酒馆的谈资。父亲说，像现在这样种地简直疯了，跟老亨利相比，我们这帮"操蛋蠢货"加起来都一无所知。

此后几个星期，每当我们经过亨利的农场，父亲总会说我们是不折不扣的傻瓜。这件事让他吃准了心里始终纠结的东西。对于好多变化发展，他从内心深处就持有保留态度，而这种怀疑又在与日俱增。我们正在追随风潮，因为我们只能如此——拥有更多的牛羊，需要更大的机械，实现这些目标的同时丧失优秀的农民——可是，我们究竟要走向何方？如果现代农耕是让土壤恶化，像吸毒成瘾，需要越来越多的店售化学物品维系残局，良性循环和持续发展又从何谈起？父亲无法全然摆脱这种影响，可他却从中看到了正确的路径。亲戚朋友创造了巨大的农场产业，拥有宏伟的农舍、大批的机械、大批的员工，他非但未曾羡慕，反倒心生隐忧。在他看来，他们的世界相当可怕，发展依托债务，风险持续走高，局面动荡不宁，有朝一日将会分崩离析，彻底崩溃。一旦颓势显现，规模极大的农场最终破产，父亲会替他们说话，也会说我们曾经都是傻瓜。目睹农民丢掉农场绝不是什么好事。

父亲知道，事实真相就在亨利的土壤之中。

※

老农民都说，有粪就有钱。他们清楚自己必须滋育土壤，也必须使用合适的材料，要不就在掠夺土壤，最终让它耗竭地力。

祖父的粪堆里尽是已经消化的粗粮，比如大麦一类的谷物。这些东西要发酵腐化一冬，然后作为混合肥料，用粪土散扬机撒在地上。然而，由于我们转而使用青储饲料和商店的高蛋白饲料喂养牛群，农场的牛粪就彻底变了模样。母牛开始拉起了稀便，稀便的氮素比堆粪要高，也会散发有毒气体。只是，稀便没法收聚成堆，而我们又无力置办耗资高昂的新式粪池。父亲老是担心,如果不及时撒开,就会流出农场流进河里,污染河水就得坐牢。所以,连着九个冬天我一直在撒粪。

新式农耕让相与贻惠的两重因素荡然不存——采食的牲畜和肥沃的田野——两者因而割裂开来,最终呈现为工业化规模爆发的严峻问题。一方面,数千牲畜活动于农场,所排粪便远逾所施肥料,另一方面,农田上不见牲畜,也就没有粪便滋养作物,只能尽数依赖哈伯—博施的化学肥料。新型农场上牲畜所排的粪便酸性太强,撒在地上都会使土壤板结成块。在作物生长的农田地表撒施硝酸铵,又会贻害于土壤。一边圈养牲畜,一边生产化肥,如此割裂简直疯狂,最终灭绝了曾使土壤正常生产的微小生物(在正常土壤中,一茶匙就有十亿之多)。

走过亨利的农场一两英里,父亲指着路边的一块农田,一台红色的巨型拖拉机拖着硕大的蓝色犁铧正在耕地。能感觉到他看到什么而惊讶不已。"看,"他说,"耕犁后面不见海鸥,也没有乌鸦。"这可是让他感到震惊的景象。"那块地上肯定没有蛆虫,都让浆肥给彻底灭了。"他说。

那些年，从我的卧室窗户望出去，家里的农场尽收眼底，窗台下方三英尺是一溜外凸的石砌墙围。我在房子里待不住，所以，自从可以够着墙围，我总会溜出窗户，常年如此，雷打不动。白天跟父亲漫无休止地干活，他对我指手画脚，而且清楚我的一举一动，我十分反感，转而在夜间溜出去游逛。我双腿悬吊，够到墙围，像蜘蛛侠那样贴墙移行，落到洗涤间顶上，沿着斜脊跳进田野。这下就出了屋子，逃出了任何人的视线。过上五分钟，我就到了小山顶上。我常常在那里看着羊群吃草，也让渐渐长大的羊羔奔到怀里，盘算一番哪一只会在未来拔得头筹。羊群缓缓而去，我或是躺在石头之上，或是倚着树干，或是直接爬上一棵老橡树。我喜欢我家农场上依旧奔腾生机的野外生灵。野兔混在羊群中吃草，一对蛎鹬筑巢于朽坏的大门上方，巢中有三枚鸟蛋，正在几年前我跟祖父一起干活的地上弯腰觅食。乌鸦在牧场上四处走动，搜寻各种蛆虫，尤其是长脚蝇的幼虫。沟渠边上的牧草参差不齐，红隼在上方盘旋。恐怕我最喜欢出没于草地和牧场的麻鹬，喜欢它们风中传响的声声鸣叫。我全部的生活就在它们的翅膀之下，就在它们的歌声之中。

一天晚上，我在口袋里塞了一本旧书溜了出去，靠着一棵老橡树看了起来。镇子上有一家小书店，我常常去那里看书。老板已经上了年纪，有点嬉皮士的意味。他把自然题材的书挑了出来，摆在桌子上欢迎人们进店选购。我发现，在关于水獭和游隼的读物里，有几本书在写乡村的生态困境，发出尤为愤怒的政治批评。从小到大，我受的影响就是远离这类书本。家里对电视上早先播出的生态呼号十分反感，我们由此觉得环境保护主义者都是疯子，遇到生活分明比他舒适的人指指点点。父亲总是相当鄙视，看完类似的新闻报道，他关上电视便破口大骂："如果让这帮尿货得逞，老子他妈的都要在农场上养蝴蝶了。"

我靠在树上看的那本书是拉切尔·卡尔森写的《寂静的春天》。我担心这书会是抵制农耕的一场狂欢。谁知恰好相反，这本书令人信服地印证了我不时思忖的问题：现代农耕的技术和操作并非推进发展的可取手段。那里藏着化学武器和机械兵刃，已经颠覆了生物学定律，从本质上改变了自然耕作的生态环境。看了半个小时，我从书页移目于前方的农田，我清楚，作者没错。

拉切尔·卡尔森之所以广为人知，在于她提醒世人关注杀虫剂,尤其滴滴涕所致的危害。《寂静的春天》于1962年面世,书中所言发人深省:以工业手段成就农耕梦想存在弊短。她道出真相,杀虫剂会毒害整个生态系统,农民使用化肥或农药越多,生态系统的退化速度就会越快。杂草、蚊虫和细菌很快就会产生耐药机制,从生物学角度而言,这是无可辩驳的事实。(卡尔森是美国海洋科学家,秉持保护自然资源的观点。人们常常误以为她反对使用一切杀虫药剂,其实从书中可见,她倒是认为,只要势所必需且能生物降解,则精准施用未尝不可。)执业于公司的化学家就耕田养殖提供了解决方案,她在书中断定,这种方案始终着眼于加紧使用数量更大、药性更强的化学溶液,最终致使研究农业的化学家跟动植物 DNA 就支配权展开了你死我活的竞争。卡尔森指出,在这种态势下,毒性更强的化学药剂便会施予脆弱的生态系统,而迄今为止,人类对这些生态系统又知之甚少。农耕执意要打破生物学定律,而非与自然进程通力协作。农民受制于政客、经济学家和大型公司,正在毁弃世间生灵赖以存续的一切机理,他们懵懂无知,等到清楚自己的所作所为却为时已晚。他们对农田的操控能力越来越强,却不知道对自然而言此举意味着什么。面对这号农民、这号化学公司,乃至这号政府,国民敢相信他们在奉行正道,没有差错?

树下看的那本书让我如梦初醒，脱胎换骨。这片分崩离析的田野（包括我家的农场）非如舒姆彼得所言，并非什么"创新所致的毁灭"，分明是套路老旧的一场浩劫。

我觉得自己好像昏迷好久方始苏醒。以前，在思忖家中的农场之际，我几乎会下意识地排除自然这个要素，我已经开始对祖父的耕作之道嗤之以鼻，对父亲无意追随潮流心存怜悯。可是现在，我发觉自己就是个彻头彻尾的蠢货，因为祖父执意抵抗根本没错，父亲基于本能全盘怀疑也根本没错。我已经着手打理自己的心智世界，以求说得过去。只是，让人不堪的往事清晰浮现，涌上心头。

打完第一块刺蓟后的那天早上，我走下小路，去看几天前发现的那窝旅鸫。鸟窝还在，旁边就是打药后枯萎倒地的刺蓟。雏鸟已经死在窝里，骨头、粉嫩的皮肉和生出不久的蓬乱羽毛缩成一团，一片冰凉。我清楚，那是我的过错。心里泛起一丝隐隐的声音：这样做不对。记得我曾这样安慰自己：需要解决的问题不小，三四只雏鸟也是一了百了的代价,即使不用农药,割除刺蓟照样会弄死它们。我不知道是否说服了自己,可一想起那些死掉的雏鸟,我就会无地自容。现在,看过《寂静的春天》,我才清楚我们一直是在梦游。所以,我开始大量阅读卡尔森,以及其他专事农业批评的作品。

※

《寂静的春天》掀起了一场滔天骇浪般的激辩。制售杀虫药剂的公司和大型农场的老板疯狂反击,卡尔森却岿然不动,致使滴滴涕最终受禁。糟糕的是滴滴涕成了激辩的焦点,使她更为透辟的洞察几近淹没而置诸脑后:现代农耕已经突破了古老的界限。

政府和农民陶醉于技术革新,觉得滴滴涕不过小事一桩,而非示警的凶兆:人类及其操控自然的力量会招惹更大的麻烦。所以,尽管卡尔森质疑在先,到了二十世纪七十年代,以疯狂的工业化效率提供更为丰富的廉价食品,成了发达国家甚嚣尘上、根深蒂固的农业政策。不管是农耕世界,还是政治圈子,几乎都不会觉得,嗜之不厌地追求工业化效率本身就有问题。非但如此,革新农耕有增无已,且被誉为"发展大计"。战后的社会各界告诉农民,他们的工作就是生产大量的廉价食品,可以只问目的不择手段。很多农民乐闻此言，欢迎变革，又将其他农民扫在一旁，撂在身后以求自保。这股风潮也让"消费者"明白，食品不比燃料重要，消费支出越低越好。人们就算对大自然有所考虑，也无非觉得它强健有力，足以应付一切干预。

如此看来，世间似乎从未有过卡尔森其人。由于她鼓动呼号，环境保护运动在全世界风起云涌，尽管如此，自她1964年故世之后，农业集约化和工业化依旧势头不减，蔑弃她的警示已有几十年之久。

※

田野上最后一抹余晖渐趋黯淡。根据天气预报，晚间将有倾盆大雨，所以我们正在忙着把最后一批干草捆扎打包，拉进料房。草场坡顶的麻鹬似乎有点躁动不安，像是在目送一只乌鸦振翼而去。我盯着草场陷入沉思，不知道父亲和我可曾伤到什么，也拿不准我们这片草场现在是否退化沦落。我知道，过去栖身农田的有些鸟雀已经不见踪影。二十世纪初，由于农民使用割草机和拖拉机，长脚秧鸡很快便消失得无影无踪，麻鹬则恰好相反，拖拉机和农机具出现之后，接连几十年却在数量激增。它们似乎喜欢我们的耕作方式。它们每每在春天显身，从越冬的沼地出发，飞回我们的田野，飞回自古育雏的地方。它们在农场上空盘旋啼鸣，呼唤着伴侣，状如游乐场的空中木马。有时也会穿过我身下不远的草丛，长腿好似踩着高跷，尖喙弯弯，优美雅致。麻鹬觅食蛆虫时跟着犁沟，或是漫步于草场。不过，它们很快就会结伴成双，垒筑小巢，之后的几个星期便会飞上天空，啼鸣不休。由于祖父教过，我会寻觅它们的小巢取乐，如果要割取牧草储集青料，我先要保证雏鸟已经离巢，有时乃至特意留着一块不割，过一两个小时再来看看。我们的青料草场有三四对麻鹬，每年春天都会领几只幼鸟出来。身边的麻鹬如此之多，我们听到的报道却说农场筑巢的鸟雀又在消失，实在不知道孰是孰非，我有时候也会纳闷，跟以前相比，地上的鸟儿是不是真的少了那么几只？

二十年前，牧场上究竟有多少麻鹬？我问过这个问题，没人给出答案，也没人表示忧虑。反正身边尽是麻鹬。不过，我确实也察觉到了一点变化，那次去山谷下方好远的地方给朋友帮忙，他的农场条件很好，相当"新潮"，集约化程度当然更高。下了巨型拖拉机用餐之际我仰望天空，偶有乌鸦显身，海鸥飞过，此外则一无所见，一片空寂。

※

要想搞清耕作对自然的影响颇多困难，其中之一就是因果关联往往迟滞延后。设若灾祸猝然而至，当刻的恶果便会灼然可见，诸如原油泄漏污染好几英里的海面，排放化学物质杀死江河鱼类，非洲象因为象牙而遭到猎杀，林中电锯轰鸣，参天大树应声倒地之类。人但凡明了是非，常识犹在，都会谴责人类所致的无妄之灾。可是，世界并不会在一朝一夕之间分崩离析。所以，要想透辟地察觉延续十年，三十年，乃至一百年的渐变所致的灾难，事情就不那么简单。彻底改变田野的工具和行为出现于几十年之前，而科学家揭示某些生物灾难性的困境却是好久好久之后的事情。所以如此，乃是因为农民从接受新型技术，到形成规模以求全效，这个过程需要时间。事后数年，乃至数十年，遭受重创的结果才会见之自然，导致毁灭。

※

父亲在世的最后一两年，我们常常会谈起诸般变化并其原委。麻鹨，原来习见不鲜的农场鸟雀，竟然越来越少，成了稀罕之物，他为此难过不已。父亲跟我都清楚，麻鹨消失无法归咎于现代化耕作，乃至也跟青料加工没有关系，罪魁祸首在于这些活动所要追求的强度和效率。二十世纪九十年代以来，为了越来越早地加工青储饲料，超大超快的割草机在我们身边无处不见。由于人工肥料助力，速成籽种发威,加之以营养饱和的嫩草饲喂奶牛已成风气,推波助澜,草场管理为之一变,牧草就能随时收获。上述因素相辅为用,终使麻鹬陷入困境,数量锐减。五月之初到十月之末为草场夏季,割取牧草要三四茬之多,如此为之,麻鹬自然无由产卵也没法育雏。它们原来栖居的田野成了雏鸟的葬身之地。巨型拖拉机手往往是青年,遵照合同驾车出工,听着收音机展开作业,更兼紧闭车窗保持整洁,因而,即使看到雏鸟也无暇相顾,不会停车移开。尽管牧场的经营思路更换已久,麻鹬仍会如约而至,它们的寿命有二三十年,而且牵念旧巢,流连故地,遭遇挫折也会再三孵卵,反复育雏。

及至母鸟死去,踪迹中绝,农民才会知道麻鹬有了麻烦,等他们明白事情不妙却为时已晚。不过,农民的工作难道是照看麻鹬?难道他该把麻鹬置于首位,再考虑如何加工上乘青料,再考虑应市场需求提供牛奶?一只麻鹬其价几何?

当然,问题并非将机械器具或化学药剂用于农耕,乃是在于使用的方式,在于这种方式导致田野有变,致使野生动物难以存活,难以繁衍。现在,劳作节奏变得太快,好多时候,农民都无法了解自己行为所致的影响。高速运转的割草机成为麻烦始于何时?高效作业的联合收割机让田野的谷粒所剩无几,致使鸟雀无法越冬,又始于何时?

若有农民无意现代化而被高效劳作的同行甩在身后，那么，要想基于明智的生态考虑做出可行的决定，他往往会感到力不从心，而对于如何摆脱经济困境以求自保，也会显得茫然失措。农民购置机械无非在更新设备，购买之际何尝会念及野生动物？而在设计、制造和出售机械的各个环节，相关人等也是如此，比如拖拉机，从设计师到工程师到销售人员，都不会在片刻之间考虑所作所为可能导致的意外后果。超级市场亦复如此，也像追求机械效率那样，但求食品尽快上架。农业生产从初始到终端，整个系统支离破碎，每个环节各有专司，致使身与其事的大部分人对意外后果昧然不知，而尤为糟糕的则是，他们沉溺于一种匪夷所思的乐观念想：反正大自然不成问题。所有新技术的潜在影响都存在无比深刻的重要问题，可是，没有任何人有责任提出质疑，也没有任何人有义务做出回答。无论田间耕作的农民，还是为环保呼号的人士，都无法判断某种技术能否兼顾利弊，或者说，新式农耕能否权衡得失。至于我们何时越过了那道无形的门槛，致使利弊相混，得失不分，我们确实一无所知。

长大成人后我亲眼看到，为数几百的细微变动相聚为用，最终导致了面目全非的彻底变化：为了新型的高效收割机入场操作，农场的门框越来越宽；割草机越来越快，越来越宽；耕犁越来越大，翻地越来越深，作业幅度越来越宽；为了保护庄稼，毒性更强的杀虫药剂开始试探；经过化学或其他工艺处理的粮食和牧草籽种播入泥土；春播的庄稼转而成了冬种的各类作物，致使鸟雀捡漏过冬的收割残茎荡然不存；地上开始追施牲畜粪浆，而非堆聚发酵的粪土；为了尽早收割，农田撒施氮素更高的化肥促进牧草生长。跟袭用千百年的农耕实践相比，这些变化缘由相似，乃至也有提供助益的用心。就我经历的岁月来看，个中不同在于扩大规模，赶抢时间，趋于单一，追求效率，提高速度，最终日积月累导致了天翻地覆的根本性变化。

经过三十来年的光景，诗人维吉尔笔下的作"战"农具非复昔日，从适应战场的长矛刀剑逐步演化，已经可以比肩坦克、战机，以及生化与核武系统。与之相应，自卡尔森启蒙以来，文化战线也日益分裂，水火不容。一派声称农耕之为工作不可或缺，非但日趋高效，而且在高度自觉地应用最为完善的新型技术，总之，一切皆属水到渠成。另一派则认为农耕正在毁灭世界。一派鼓吹幼稚的信心，相信农业发展"良好"，另一派宣泄愤怒的情绪，认为农业陷入"困境"。试观其行，一派似乎认为食品廉价是根本要义，另一派好像觉得食品问题无足轻重。面对纷争，任何人都无法置身局外，不得不选择态度和立场。论战腔调日趋尖刻，所持观点日益单薄，而且成了聋子之间的一场对话，最终甚至出现于我们的村庄。我首度参与这场论战是在十数年之前，当时从澳大利亚回家不久。

※

父亲正在纵火，要将世界付之一炬。沙堤之上的荆豆矮丛宛若巨浪，在天际蜿蜒，道道火舌疯狂爆裂，腾空而起，硕大的烟柱铺天盖地，弥漫四野。火焰舔着晾干的针叶嗞嗞作响。粗枝茎干与我的手腕相若，引燃之际噼噼啪啪。沙堤两侧黄花遍野。父亲攀援而上，一边前行一边点火。他手持火把，那是一段缠着浸油破布的树枝。他的身旁火光冲天。一只乌鸫拍着翅膀惊出树丛，野兔纷纷逃命，甩着宛若棉花的茸茸毛尾，红雀跟黄鹂成群而起，飞下山坡。

近几年来，荆豆一直在四向蔓生，侵入鸟兽地，占了差不多三分之一的地块。祖母原来在那里养鸡，后来，父亲为了用猪粪改良土壤转而养猪，现在成了野兔的天下。那是我家状况最差的农田，上次整治后撂在一边已有两三个年头。那天晚上父亲突然心血来潮，带着一盒火柴，一小桶汽油，一蛇皮袋麦草和线绳冲出农场院子。过了几分钟，母亲打发我也出门，以免他"让火烧死"。

过了一阵，噼啪作响的大火势头渐轻，不复威猛。正当我转身回家，走过弯弯曲曲的石墙之际，迎面碰上了一位邻居。她的丈夫是本地小学的校长，她在房子旁边种了两块巴掌大小的田地。她显得惊恐不安,怕得简直要发疯。她问我出了什么事情。还没等我回答,她说她要叫消防队过来。我告诉她不必费事,那场火没有妨碍,那是父亲点的,那是他在自家地上放火。她似乎颇为困惑,也有点生气。不过她又有点不知所措,因为她跟我家关系很好。她搞不懂怎么能在她家附近的山坡上放火,父亲已经将那里化为灰烬,可她分明喜欢原来的样子。她来这里只有五年,当然不知道耕田种地周而复始,垂为传统,今番放火也不例外。在她看来,眼前的田野向来如此也只能如此。看得出来,她怒气冲冲,却又不想破坏跟我们的良好关系。她想让我给她解释解释。

你爸为啥放火?

他为啥要破坏鸟雀的栖身之地?

放火之后,荆豆丛中的那些野生动物又会怎样?

她的声腔口吻尽是质疑:你父亲平素为人不错,今天怎么这副德性?你们这些人到底怎么了?

我没有多说什么,她怒气未消,我拿不准她能不能听进去只言片语。我十分难堪,眼前,针对世界的不同观点起了冲突。父亲短于言辞,做了什么很少解释。在我们身后的山坡上,他的做法是有那么一点放纵狂野。阵风吹过,余烬重燃,另一片荆豆开始着火,噼噼啪啪,火光冲天。

父亲到底想没想过那些鸟巢?我不清楚。

我觉得自己似乎有点宣说《启示录》的意味，不过觉得自己挚爱父亲，也在替他说话。我想为他辩解，也想解释他何以会做那些在她看来错误的事情。因此，我尽量告诉她，我们向来放火焚烧荆豆，这也是自古以来的处理方式，一旦荆豆蔓延过甚就出手遏制，然后留待若干年容它再生。父亲烧了几片也留了几片，并没有彻底毁掉鸟雀的栖身之地。荆豆会妨害农耕，挂掉羊毛，如果不加遏制任由滋蔓，就会彻底侵占农田，搞得只有野兔可以勉强存活。记得我还说起别的事情，有些还算于理可通，有些恐怕几近撒谎。有人觉得改造田野势在必行也天经地义，有人反倒忧心忡忡，满怀焦虑，我清晰地觉得两派之间隔若天渊，矛盾日深。对立的双方，一方著土种地，一方远离农田。

父亲去世后，我想起了他焚烧荆豆的那个夜晚，也发现保护自然的好多人越来越觉得，时至今日，耕种农田和经营土地都令人生疑，未可置信。可是，尽数排斥农耕显然不妥，因为人类的一切文明都植根于农田。人类为了生存，就得依赖加以整治的若许旷野，若许荒山，或放火焚烧，或挥舞斧斤，或驱动耕犁，或是任由牲畜反复啃食。这番整治发生于好久好久以前，因而，人们忘了这毫不留情的生态真相，乃至觉得农田牧场天然如此。须知，农田和牧场并非自然现象（生态状况几近原始也无妨于此，诸如品种丰富的干草场，放牧有度的大草原，以及林间牧场等），土地不管用以种植还是牧养，灭除某些原始物种方能如愿。好多动物曾经出入于这方天地，而今已经无法生存，原因在于它们遭到驱逐，既丧失了活动空间，也无法获得赖以生存的食物。田野既已开垦而且耕作不辍，那就意味着某些物种可以存活，某些物种势必消亡，结局自此注定，垂之永远。

究其实质，我们是塑造生态系统的野蛮群体，以自己的需要为准改变着世界。回首过去，我们为了种地吃饭而拓荒垦田，只好变得漠然无情，只能整治田野以生产食物，谋求存续（大多发展中国家的人民依旧如此）。在我步入成年的时候，还在种地的英国人少得几乎可以忽略（不足全国人口的2%），结果，我们就像那位校长夫人，或是忘了这些充满挑战的真相，或是漠视这些困难重重的实情。

为了满足口腹之需，我们都会合谋杀戮，不管直接动手还是间接参与，任何食物概莫能外，现在如此，往后亦然，这是亘古不变的事实。这是一场战争，维吉尔尚未笔之文字便有久远的历史。糟蹋庄稼或掠食禽畜的生物不计其数，农民别无选择，只能出手开战最终制服。由此观之，农民从来就在杀戮，种植庄稼和养殖牲禽虽有差别，却也无妨于这一事实。垦荒种田就得毁掉野生动物的栖居之所，如同那天晚上我的父亲那样（与此同时，又为其他物种创造了栖居之地和生态系统）。若要验证是否如此，那就前往荒野尝试生存，看看兔却杀戮可以支撑多久（切莫将微小生灵排除在外，否则有悖实情）。

※

如是逻辑关联一目了然：吃饭必须种田，种田势必杀戮（或改变物种，其实本质无异）。活着就是一桩苦差。然而，耕作难免艰辛困苦是一码事，以工业化手段向自然"全面开战"，而且在我有生之年变本加厉又是另一码事，两者本质有别，未可等量齐观。就算农耕难免无情，可在发轫之初，农民也有处事底线或曰行为规范，用以杜绝毫无节制地开发土地，而且彰显遵从自然的耕作之道。据《旧约圣经·利未记》第十九章之九①所载，上帝为摩西申命垂诫，要求犹太人遵从律法，不得违离。这些著名的律条大多成了我们的立法依据，个中启示人们置若罔闻，忽怠已久：

收割庄稼宜留边角，切莫收割一空，切莫拾遗捡漏……

---

① 所引经文和合本译作：在你们的地收割庄稼，不可割尽田角，也不可拾取所遗落的……要留给穷人和寄居的……

当留于穷人和异乡来人……

※

　　父亲并不常去教堂，可他有类似基督教那样的信仰。他认为凡事都有尺度和界限，人应该温和处事，不走极端。他至死都憎恶农场上发生的一切。他见得太多，感触极深，这些变化彻底毁掉了他挚爱的世界，毁掉了他呵护在心的一切。他在生命的最后十年根本不理会那些混账逻辑。颓风殃及家庭，殃及乡村，殃及动物，也殃及大自然，他深感痛心。如何竭尽全力跟上身边发达农民的节奏，他对此毫无兴趣。好像在说，那就是一场愚蠢的游戏，他根本不想掺和。所以，他仅仅操心自己的农田，一味种地而已。现代农业风靡全球，无远不及，他却从未正眼相看，即便有人提供机会他也无意领情。他去世几个月后，我跟妻子海伦首次前往美国中西部旅行。二十年前，我在澳大利亚就看到现代农业露出了端倪（足以说明发展态势），可是这次我才清楚，美国中西部才是一切变化顺理成章的结果。那是效率运动的残局和余绪。见识了未来农耕赤裸裸的状况，我的学习之旅随之告终。

我们在高速公路上驾车而行。荒圮的农庄木材朽坏，涂饰剥落，藏纳烟草的仓房已经坍塌，在阳光下暗影斑驳。农舍附近的围场上是废弃的车子和生锈的农机，一群黑牛站在那里。路旁的小镇破败不堪，板房的窗口挂着美国国旗，院落的草坪前方插着大选标牌：投给特朗普。到处窗帘拉得严严实实，门廊中撒着各色纸片，教堂昭告吸毒群体终将得救。天空雪花纷纷扬扬，落地即化。

我们前往美国农业的中心地带，住在肯塔基的一位老朋友家里。冬天，似乎长得看不到尽头。朋友相当热情，白色楔形板材装饰的农舍之中摆满书籍。饭食简单可口，我们一边用餐，一边谈着家人和农场。我们强作笑颜却无能为力，似乎沉溺于他们的悲戚而无法自拔。选举结果即将揭晓，大有厄运降临的意思。朋友的农场不大，略近中等规模，曾经十分兴旺。现在却满目萧条，昔日的光辉诉说着无尽的凄凉。

朋友开着白色的皮卡带我们四处走动，车上拉着他那只牧羊犬，座位下方是红色的工具箱和扳手。他提起乡邻，说到他们的过去和现状，并把我们介绍给仍旧留守的农民。他们的说法完全一样，美国确定了工业化的农耕道路，抛弃了小型的家庭农场，结果就在眼前，农场凋敝败落，农村分崩离析。他们说，由于过量使用农药，野草已经产生了耐药性，致使眼前种油菜的农田杂草蔓生，几近荒芜。他们说起因采矿而剥皮的大山，遭到污染的江河，至于农民，要么已经离开家园，要么隐匿窘境故地留守。境遇越差，轻信谎言的人就越多。精巧的辞说挟裹宏伟的许诺，也推出早已择定的替罪角色，用以诱导他们的怒火。我好像身在已然停摆的未来世界，碰到的人都传递出阵阵不安。"这还不算什么。"他们跟我说。

爱荷华的田野一派黑色，延至天际。肥沃的黑土很深很厚，收割后的玉米残茎斑斑点点。这方田野半年风雨大作，半年庄稼疯长。有位年轻妇人说她喜欢这片土地，夏天都能"听到玉米在长"。可惜我来自落后地区，目睹这方冬日的荒野，看不出半点浪漫意味和传奇色彩。

这方原野天幕高迥，地势平坦，阴郁凄凉的土地除了逐利便一无所是。观其形制，这里的农场好像取法于格兰特·伍德[①]的油画《美国的哥特式风尚》。由于人烟稀少，

---

[①] 格兰特·伍德（1891—1942），美国画家，爱荷华人，以文中提及的画作闻名于世。

户主若非偕同妻子离家进城，则必待在家里陪着电视。放眼看去，老旧之物一概朽坏。棚厩让风刮得东倒西歪，房顶也被撕了一半。远远望去，高高的谷仓和升降装置在阴郁的天际闪着银光。起重臂下的玉米堆好似小山，泡在雨中。破旧的农舍，尖尖的篱笆，犁过的土地接连成片，一望无际。那里种植玉米和大豆，同时也用来养猪。这就是厄尔·布茨所要的农业景观。

一位农学专家与我们同行，她热爱泥土，有志改善农耕以保护土壤。这片大地遭遇的麻烦让她痛心，因为这是她的家园，地上劳作的农民是她的乡亲。设若种地的农民不是你的家人，你当然会无所顾忌地痛加诟病，即便显身于家庭聚会，你也不会在意他们脸上的眼袋和肩上的负担。她说，超级市场狂热地追求廉价食品，因而开辟了这片田野。至于食品生产到底能否维系现有的水平，出入商店的人们好像一无所知也满不在乎。美国人用于食品的消费比率在一直下降，平均水平已从二十世纪五十年代的22%左右降至今天的6.4%。更为惊人的是，人们购买食物时，每花一美元，农民的收益只有十五美分，这一比例较之既往已经大幅降低，而且还在持续下降。人们以为自己在购买农场的食品，其实，这些钱差不多都流向了加工环节，流向了批发商和零售商。赢家是为数不多的几家大型公司，不同党派的各色政客和立法人员都在他们的手上。

这位农学专家说，爱荷华终究会让大风吹走。犁过的田野上狂风大作，每次都要刮走一点土粒，半年下来就会掠走表层的土壤。就一天而论这个数字好像不大，可是由于大风不止，过去一百年来，有些地方损失的表层土壤已经高达好几英尺。那是滋养美国的泥土，那是无法承受却漫无休止的巨大浪费。事实就在眼前，见于那些脏兮兮的棕色雪堆，仅仅由于天寒地冻，暂时留住了这笔已经损失的财富。

假使未来如此，则会败落得无法想象，在生活于斯的民众眼里，也不会是多么悦目的景观。好多农场看似蓬勃兴旺，其实负债累累。这片田野就是一场生态劫难，将会沦为满眼不毛，墨西哥湾有片不毛之地便导源于此，因为，只要这里刮走的土壤和化学物品进入密西西比河，就会尽数流向那里。这里的农活大多由墨西哥移民承担，当初，他们让美国大公司欺负得没法种地，只好抛弃原有的农场徙居耕田。有些工作廉价的移民雇工无法完成，便由机械承担，现在，这类机械无人操作，通过卫星制导在田间作业。较之既往，这些农场可以在这片土地上为所欲为，连干活的"农民"也越来越不需要亲自到场。

我们在一座阴郁的农舍旁停下车子，边上是宏伟的猪场和高大的银色料垛，相形之下，这座农舍显得微不足道。突然，地上出现一个硕大强劲的阴影，一只秃鹰——美国的象征——飞出左边的树丛。它在我们的头顶拍打翅膀，搞得我胆战心惊。农学专家说，近些年来这里又出现了秃鹰。"是吗？"我说，"那它们吃什么呢？"一阵难堪的沉默过后，她说："恐怕是撒在猪场外面的死猪。"我们半晌无话，那只秃鹰飞过田野，展翅远去。

这里没有赢家。掌控土地的农业公司看似规模庞大，其实完全依赖一两个垄断买家，他们既能操纵价格，也能让公司彻底破产。公司的资金要从地上流向他们贷款生产的银行、出售拖拉机和农机的机械公司、生产化肥和农药的公司，以及种子公司和保险代理商。虽然如此，单论生产水平，着眼于效率和产量（所耗油料和生态成本故置不论），这些新式农民也会让人大吃一惊，堪称有史以来最厉害的耕田群体。2000年，美国农民每小时的平均产量为其祖辈在二十世纪五十年代的十二倍之巨。1995年，英国的奶农超过三万，今日则为一万两千人左右，人数至少减半。与之相应，过去二十年来，奶牛的数量也减至一半。所余奶农和优质奶牛的生产能力可谓惊人，由此说明一个简单的事实，牛奶产量基本稳定。

这些统计信息不仅说明了人们的生活面貌、饮食结构和家庭开销的变化，也反映了世界各地迥然有别的生活方式。比如英国，二十世纪五十年代家庭开销中饮食消费的平均占比约为35%，而在今天，这一比率已经降至10%左右（穷人数据较高，为15%）。原来的食物开销现在转而用于住房和休闲娱乐，以及诸如车子、手机、衣饰、书籍和电脑等消费，乃至投资抵押，出让寻租，或是此前一两代人鲜有尝试的海外度假。如许改变最终塑成了现代世界。可是，这种生活方式和购物模式又将巨大的压力施于农民，迫使他们发掘可资利用的一切产能。一面是人们要求廉价食品，一面是农民被迫采用工业技术种田耕地，两者之间存在直接的因果关联。最终，农耕的工业化程度越高，田间耕作的人就越少。

当年，我们的祖母会前往市场，从本地屠家或农户手中买只小鸡，而且会让对方明确说明养殖方式，可现在，我们买的鸡肉已经切块去骨，在塑料袋中封存完好，当然无从得知出于何人之手。这只小鸡如何养殖，如何宰杀，一概密不相示，像对待孩童那般瞒着我们。好多人不会琢磨已经宰杀的小鸡，或者说，从来不想以它的各个部位加工的所有餐食。我们不会用鸡骨熬汤。我们不清楚将它处理为食品的那些基本操作，亦即如何宰杀，如何除毛，又如何切块。至于养殖环节，更是无从谈起。食品公司规模极大，面对超级市场货架之前的消费者，自然无由回应关切。

消费本地生产的食品则不然，人们不但可以了解、评判生产状况，还能反馈信息施以影响。我们的祖母购买鸡肉时，跟农夫或屠户就是面对面的交易，这种模式能将人们的消费喜好置于眼前。地方食品交易绝不限于金钱或商品，还涉及认识水平和价值观念，发生交易则意味着参与双方就处事原则达成了某种一致。超级市场则让我们无须担忧上述事宜，希望我们都能漠然无谓，不问根由。食品丑闻和农业危机让人们对农耕的信任荡然无存，究其原委，基本都是削减成本所致的结果。因为食品生产的操作过程十分可疑，农民和其他人等都在暗中寻求捷径，为了让食品价格低于本有的水平，他们会做些让我们的父辈和祖辈做梦都无法想象的事情。

这是施于农耕的商业思维，人们的良知和天性因而被清除一空。那里容不得感情，容不得文化，容不得传统，也容不得基于本能的底线顾虑和代价意识。依照现代农业的观念，这些都是和耕作毫无关联的因素。种地耕田沦为金融较量和机械竞争，而非与生物相关的生产活动。这正是超级市场期待的结果，因为它能保证食品供应全年不断，所售商品又整齐划一，毫无不同。最终，我们自己居然也开始相信，农耕无非寻常职业，跟其他活动遵从的规则相似无二——须知，这可能会成为有史以来荒谬绝伦的思想观念。

　　我们促成了一个社会，一方面因食品选择和加工规范让人顾虑重重，另一方面却让大部分人闭目塞听，无从了解有助于挑选食品的农业常识和生态知识。现在，人们对自己应该吃些什么十分关切，至于本地的农田应该如何耕种，能够持续产出何种食材，却几乎不闻不问。事关农业和生态，大部分人都缺乏教育，一无所知。这是一场文化灾难，因为，如何在这个星球上繁衍存续虽属全球挑战，究其实质，乃是每个地方面临的具体问题。要想危害降到最低，我们应该如何耕作？本地的农田能为我们提供何种食品？如此质询绝非讨论地方食材——我喜欢香蕉正如任何路人——乃是提醒诸位，让大部分食品产自身边而且加工透明应该是人所共有的常识。

※

　　经济学家不足为训。农耕绝不可跟其他职业等量齐观，须知，它的生产环境就是自然，所以会对自然发生直接而深刻的影响。一旦农民打理土壤唯求高效而不计后果，则鸟雀、昆虫和哺乳动物都会尽数消失，生态系统就会彻底崩溃。关于近年英国野生动物的主要调查工作无不说明：农场的野生物种在急剧消失，令人触目惊心。综合调查显示，"在全球自然资源几近耗竭的国家"里面，英国已经位列其中。

从生态角度来看，农耕变化所致的影响可谓非白即黑，所以如此，乃是因为我们只看结果而忽略了根源和过程。人类这个因素复杂难解又不易判定，我们全家便身与其事。如果只是说此人正确，那人错误，讲个富于训诫意味的故事，事情自然十分简单。可惜事实紊乱芜杂又隐约难辨，难以从道德角度一概而论。我的家人和朋友就从事农耕，他们都是好人，既不是傻瓜，也不是匪徒。他们过去背着沉重的经济负担，现在仍然在负重前行。压力如此巨大，劳作如此艰辛，他们能有相宜的心态洞悉自然，珍爱呵护？能有优越的条件透彻分析，敏锐思考？颇有论者对留守农民开火，可他们大部分已经濒于崩溃，苦苦挣扎无非想保住自己的土地，无非想坚守曾有的生活，只是不愿依附大型公司，不愿掺和政治派别而已。在有些人眼里，他们倒成了抱残守缺、逆向而行的群体。然而，如是表述不啻谴责超级市场上专事核查的低薪群体，谴责他们为资产千亿美元的大型公司卖命效力，谴责他们附逆为恶，推波助澜。

※

没有哪个留守农民会说旧式农耕完美无缺，事实也并非如此。耕作方式的某些变化相当出色也势在必行，乃至可以说不可或缺。传统耕作并非十全十美的田园牧歌，现代农业亦非全然恐怖的工业化操作。有些农民矢志不移，仍旧像祖辈那样，对家中的农田珍爱有加，备予呵护。有些新式农民改善了牲禽的处境，降低了发病的比率。同为禽畜养殖，并非所有的旧式农场都会悉心经管，也并非所有的新式农场都在糟蹋作践。现代农场的若许变革确实改进了旧式操作，优选育种便属其例。据实而论，今日的英国农场既没有执着于高度集约的工业化，也不曾完全固守传统的操作，只是介于两者之间，世界各地包括我家也莫不如此。几乎所有的农场都有现代意味，只是程度各有不同。时至今日，"农耕"这个新词要将各色行为穷搜毕罗，概而相称。

所以现在，即使我们在苦苦探寻正确的农耕之道，也要杜绝过于简化的行动方案。以简化思维改善农耕往往适得其反，放眼历史不乏其例。神奇的矫弊措施往往会导致难以预料的后果。

1915年，由于遭受盟国的战时封锁，德国官员担心国内发生食品短缺。经过商议，他们认定宰杀本国的五百万头生猪是个可行方案。他们推断,生猪消耗的植物营养未免太多,而这些营养完全可以用于人类。那次宰杀史称Schweinmord,亦即"生猪屠杀"。可惜这些官员并不了解家猪扮演的真实角色:农场的猪群既能以粪便肥田,又能消耗农田和家中的各类废料,因此,最终又将不可食用的有机物质转化成了营养丰富的人类食物。他们的举措看似完美,其实酿成了一场灾难。第二年德国庄稼歉收,食物短缺更加严重。

❦

大型公司鼓吹高度工业化的农耕改革,好多人对此十分上心。清除老旧低效的耕作方式,让工业化程度最高的农场聚合发力,适度利用已然荒弃的若干土地,通过这些举措可以实现耕作模式的高度工业化,据说,高度工业化就能解决一切问题,他们的这类宣传格外诱人。然而,如是规划却存在巨大的漏洞。高度工业化的新式农耕难以持久,从气候和生态角度而言,那是对地球前所未有的巨大破坏。单是浪费自然资源,彻底毁坏土壤,这种耕作模式也没有未来。

根据联合国发布的信息，现在全球还有二十亿农民。这些农民绝大部分没有尖端技术，没有大块耕地，也没有高度发展的工业化水平可言。然而，全球 80% 的人口还由这些小规模耕作的农民提供食物，而未来的农业生产，不管是否选择高度的工业化，要想维系发展，他们所种的庄稼和所养的牲畜可谓攸关生死，不可或缺。

由于简·雅各布斯等作家命笔申论，人们早已达成共识，一旦城镇的文化过于单一，现代化程度过高，过于依赖化石燃料，概而言之，出现高度的专业分工，则其运转效率和效果不及新旧兼采、多姿多彩的地区。之所以如此，乃是因为新旧要素交相为用，尽管隐微难睹却能无所不及。农业亦然，对极端高效的农耕模式而言，非但无须彻底抹掉旧式耕作，以及各色各类的庄稼和禽畜，反倒应该并蓄兼收，以求存续。古老的耕作思想其禽畜庄稼提供了丰富多样的生物群体，要想在地球上发展高效农业，这是极为关键的倚重因素。世间极端"守旧"的农民非但不是什么过时的异类，未来的农耕世界要想获得生机，他们反倒是可供资取的库藏和源泉。

现在，面貌多元的农业生产大多见于边远地区，诸如山间旷野、泽薮密林之类的穷荒绝域。那里僻远贫穷，发展滞后，若非气候、海拔、纬度或土壤异于常态，则必病害冲击，影响收益，高效农业因而无由发展，也无从冲击传统耕作。经由改良的独特草木在这里俯拾皆是，累世相传的饲养牲禽也随处可见。人类在开拓之际，所处的地域面貌不同则手段相异，他们反复尝试，屡经失败，久逾万年才有了这份收获。面对各地数以百万的挑战和困局，地球这个农耕"智库"可以提供所有的解决方案。

悠久的岁月在这些田野上沉淀了一笔财富，以工业化模式运营的大型农业公司出入其间，大事搜罗，以图发掘这些宝藏据为专有。一旦病害发作或气候有变，那些高度丰产的田间作物无法应对，农学专家便会乞灵于沦为孑遗的古老农耕，从垂为遗产的各类禾谷中寻找解决之道。一旦疫病来袭或状况不佳，致使集中圈养的速成生猪无力抵抗，农学专家又会属意于野生或传统的育养方式，从代代相传的生猪品类中发掘强悍健壮的抗病要素。"落后"地区的山坡上有那么一两处满地泥泞的农场，那是你我从未涉足的一方天地，其间或有世所罕知的禾谷或豆类，或有古老的牲禽品种，诸如身形不大的母牛、多毛耐寒的生猪，抑或不惧酷热的雏鸡，千百年来，人类的才智传承有序，得蒙滋养，这些僻远的山间农场便是鲜活的见证。假如这些形容秽恶的雏鸡生猪携带一点特殊基因，则为我们提供了至为关键的生物信息。

无论是考察经济，还是着眼气候，或者注目于生物，关于未来，我们可以确知的基本信息是一切无法预见，正因为如此，我们就得保留农业多样性这座府库，其中不但有我们已知的所需信息，还有迄今未知但未来需要的一切。农业多样性蕴藏着生机与活力，既能让我们自由裕如地走向未来，也能活力四射地应对挑战。须知，未来既会提供各种选择，也会暴露若许弊端。

糟糕的是，农业多样化的研究并未见于任何实验室乃至一个试管，对未来农耕干系甚大的 DNA 及相关知识其实早已整理就绪，只是经由农民之手得以保存。要使农场的牲禽保持品种多样而且健康壮硕，除了足量养殖，还需牛羊名目不同，而且兼顾经济效益。尽数种植世代相传的各色禾谷既能维系古老的作物，又能培育全新的品种。如此说来，如果执守传统的农耕之道，而在农场上保留这些作物和牲禽，则需虑及经济要素，以求竞争胜出，蓬勃兴旺，正常售卖，运转无虞。颇有高度集约的农场袭用传统耕作方式，用以种植饲料，培育牲禽，如是举措却得不到肯定和认可。欧洲的山下牧场会经常购买山间杂交的雌性牛羊，以求更换品种，而不会将无比肥美的草场挥霍于自有的品种。

一味认可高效农业，而将其他耕作模式一概清除绝不可行。现代农场固然在高效运转，其实在暗中依赖古老的农耕传统，倚重这一耕作之道方能维系发展。要想这样，就只有保护传统农耕这一选择。

不列颠拥有独一无二的耕作传统，更兼得蒙天惠，成了种草养殖的一块福地，因而，若论农业多样性，这里仍旧是无可比拟的一座宝库。英伦列岛孕育了为数几百的牲畜品种，计有牛、马、猪、绵羊、山羊和矮种小马，这些家畜大多见于僻远地区执守传统的小型农场，遭受现代农业排挤却能生气盎然，且因健壮强悍而在养殖天地卓然秀出。近两三个世纪以来，全球好多地区已经转型为现代养殖，这些农场的牲畜要么是纯粹的英国品种，要么已经杂交。赫里福德宽背牛与阿伯丁秃头牛、萨福克和莱斯特绵羊，以及约克郡大白猪，已经传至遥远的美国德克萨斯州、澳大利亚西部、南非和乌克兰一带。这些品种形就了英国的养殖传统，时至今日，本国的农耕生活仍旧以此为据。因此，这些养殖常识和养殖技术显得尤为重要。

过去一两百年以来，我们这座品种多元的农业"府库"对世界贡献不小，为数亿之多的人口提供了食物。现在，我们还不能丢弃这些古老的牲禽和草木。农业的多元必不可少，自然的奉献不可或缺，以维系发展的农耕模式生产大量的优质食品势在必行，既然如此，我们当然需要眼光长远，通盘考虑。

❦

　　我们根本无法罔顾生产效率，也不能漠视技术革新，放弃如许之多的选择是愚不可及的行径。到2100年，全球人口将会超过一百亿，设若所有农场都效率低下，人类之为物种就得拓展地球空间获取食物，如此一来，活力四射的天然草木和泽薮荒野将会生气不再，甚至消失不见。高效农业创获不小，让有志环保的人士困惑难解，所以如此，乃是因为提高效率便能以小块土地满足人类的需求。人类确实需要高效生产的成果，无法全然生活在过去，这便是问题的症结所在。效率固然十分重要，其他因素同样不容漠视，我们需要保持警醒，觅得平衡。面对问题，我们必须敏锐透彻，兼顾所有，而非趋时鹜新，溺于潮流。时机正在消失，我们得立即行动。

❦

　　从美国中西部返回后，我们遭遇了前所未见的酷烈寒冬。狂风怒号，雨雪肆虐，冰雹发威，摧毁了好多树木，漫长的冬日根本看不到尽头。到处是泥泞和水坑，地上湿透好几个星期之久。尽管如此，一场空前威猛的暴雨又接踵而至，一天的雨量便达十四英寸之多。湖泊早已注满，地上好似海绵，山间谷地的降雨突破了历史纪录。暴雨倾盆而至，泼在屋顶之上，我们像寄居甲壳而藏身海底的蟹类。次日清晨，连此前未见流水的山上也洪水狂泄，奔涌而下。

赫尔韦林山下的荒原上有个岩石盆地，洪水经此流下村庄。水蓄满力量，挟裹泥浆在岩石上奔腾，越流越急，越流越猛，带着石块和巨砾在山间轰鸣，冲得河床越来越宽。大水在村中满是卵石的河道里翻滚，冲垮堤墙，溢出河岸，涌向道路损毁沥青，然后漫入街巷，自前门灌进店铺、旅馆和厨房。人们只好躲到楼上，河水在村里咆哮，向下方的湖泊奔腾而去，每时每刻都带来成千上万的卵石和巨砾，堆满湖畔的田野和村中的街巷。

十来场洪水，尤其这一次，从山上奔涌而下，化为阿尔斯沃特湖的棕色泡沫。洪水过处道路消失，农场上厨房、田地和篱笆尽数被淹，树木被连根拔起而后冲走。附近山上的湖水越涨越高，一股激流溢出湖岸，越来越猛。汛情传至下游地带，英格兰北方一半地区的互联网上都是警示。可是，暴雨还在肆虐。

普利桥①已经年深日久,人们忧心忡忡,阻断了往来通行的汽车。浊浪翻滚,越积越高,古桥不堪重负,像饼干搭就那般轰然坍塌,被彻底卷走。洪水流至下游,漫上此前从未过水的牧场,将牛羊围在中间。农民想尽办法,将牲畜驱离危险地带。友朋故旧带着牧羊犬,从滔滔浊流中抢救牛羊。绵羊挤在地势略高的梁脊之上,四周都是洪水。此情此景意味着什么,牧人自然一清二楚:它们要么冷静行动,接受援助摆脱险情,要么张皇失措,跳进水里而被冲走。生死完全成了一场可怕的赌博。牧羊人和牧羊犬稍有不慎也会溺水。有些牧人不加干预,而让绵羊自己根据情况行动,巴望它们攀到高处脱离困境,有些无从施救,却在尽其所能地徒然出手。

朋友打发最能干的牧羊犬到羊群下方,把它们赶向围栏以求保护。羊群缓缓移动,挪出深水,走进栅栏圈成的临时围场,形势可谓千钧一发,因为羊群刚走,洪水便已漫过它们先前所待的草场。有只绵羊过于慌乱,跃过栅栏跳进洪水,朋友出手阻止为时已晚,其他羊纷纷效仿而被卷入洪流,在滔滔激流中颠簸沉浮。两三天后洪水退去,几只出现在下游数英里之外,一个个胀得肚腹滚圆,几只

---

① 作者家乡的古石桥,建于1764年,2015年12月6日毁于洪水,次年3月改建为铁桥,10月通车。

高高地挂在树端，大部分则没有任何下落。大水灌入圈舍，留在里面的那些要么拍打致死，要么溺水而亡。

有个高尔夫球场的管理人员发现一头奶牛游走在草坪之上。那头牛黑白相间，异常干净，原来当晚洪水肆虐，它被冲入下游而甩到了球场上面，好似我幼年的《圣经》绘本中出现的约拿。主人接到高尔夫俱乐部的知会都不敢相信，因为他的牛已被冲在十五英里之外的地方。

我们的田野被折腾得面目全非，农田草场的各类垃圾标识着洪水上线，触目入眼尽是漂浮而至的零碎物件。不过，有人遭受损失有人便会获益。一个月前就曾有过一场洪水，尽管规模不大，却让我们认识的一个农民在地上收集了几百吨上好的劈柴。他跟朋友炫耀，那是"谁见谁得"。可是，后来的那场大水又在当晚将他的收获掳掠一空，连半截木棍都没有留下。他的朋友转而取笑，谓之"怎么得，怎么丢"。

洪水退去，眼前的场景混乱不堪，令人震惊。卡莱尔城的伊顿河上有座石桥，桥身标识的洪水极限已有一百五十年之久。一百五十年来，从未有过一场洪水超过那道标记，然而，这一纪录却在最近五年被两度打破，一次超限半米，一次高出一米。这场大雨凌厉威猛，本地人从未见过那种阵势。洪水所致的损失高达数百万英镑，漫滩之上的数千住户家园被毁，城里的几百户人家泡在水里。

大水过后，人们开始清理房屋，家具财物扔满街巷，令人痛心，最终塞进建筑工人的车子。所过之处，墙上满目污痕。

事后好几个月，人们开始讨论如何经管卡莱尔上游，乃至我们所居的山谷数英里远的地方。这次到底下了多少雨水，身边的农民都好像说不清楚。江河系统原来好似坚不可摧，现在看来却脆弱不堪，根本无力应对发生的一切。相关人员说局面将会变本加厉，更加恶化。

❧

以前，农民想当然地认为，不论我们在地上干了什么，大自然都会加以调节，有效应对，大水之后人们摈弃了如是念想。自我出生至今，人们以发展为名糟蹋大自然这位母亲，诸种行径呈指数增长的趋势。因此，我们导致的破坏到了连祖先都会难以置信的程度。人们从来都认为自然资源无穷无尽，所以挑战底线，不惮毁灭。在我的祖父，乃至父亲那一代农民看来，所谓自然难禁伤害若非轻佻的戏说，则属共产主义做派的宣传。可是,现在看来此言不虚：大自然蕴藏有限也脆弱易损。

全社会关注农业可谓取向正确。灾祸何以发生，研究结果让人不寒而栗，大自然遭受的损失有增无已，情势更是令人胆战心惊。我们在焚毁森林，排放温室气体，以塑料污染海洋，以众所周知的可怕速度殄灭物种。若论耕田，祖父和我们属于两个时代，个中差别就在于是否关注这些骇人的态势。身为农夫，较之过去的任何时代，我们需要生产更为丰足的食物，可在田间劳作之际，我们还得兼顾持续发展，还得让大自然兴旺蓬勃，与人类共存共荣。我们需要调和两种势若水火的农耕思想，以使农耕正常发展，又能维系物种多样。

树艺百谷，饲喂牛羊，收集粪便以及晾晒干草，俱为寻常农事，可在我们看来，了解这些知识便属落后守旧，远离新潮。因此，我们对传统农耕未加珍惜，对效力犹在的旧物心存鄙夷，将曾经拥有的那些重要知识和技能置诸脑后。家庭农场既有追随寒暑的庄稼牛羊，又有各色动物居留生息的场所，我们却不珍爱这道五彩斑斓的景致，任由田园乡野更加"高效"，更加"单调"，也更加"贫瘠"。加工干草的牧场野花遍地，鸟虫盈野，我们也不加珍惜，任由它们销声匿迹，彻底不见。步履所及便是生气勃勃的土地，我们仍旧不加珍惜，任由板结成块，遭受侵蚀，漫无活力。树篱绕田而植，林木茂密葱茏，我们依旧不加珍惜，满不在乎地尽行夷除。牛羊在野外吃草，猪群在粪里打滚，雏鸡在土中啄食，我们不知道珍惜这简单质朴的景观，致使它们在城乡一体的浩大工业化运动中成为绝响。凝结成形的牲畜粪便在滋养大地，我们根本不加珍惜，却以青储草料饲喂牲畜，以酸性稀便危害土壤，我们从来无动于衷，毫不惋惜。

我们膜拜农业机械，如果机械越来越大，让田野面貌一新，不在残茎断茬间洒落一粒大麦，我们自然觉得这是好事。只要面包售价低廉，我们便不管庄稼如何种植，将它植于毒物之中也置若罔闻。人们驱动机械，将庄稼播于秋天而非开春，致使田野一片葱茏也一无所遗，而让鸟雀断粮，无由过冬，此情此景我们要么视而不见，要么满不在乎。

我们并不觉得了解如是信息且予关注乃是本分，何况我们忙忙碌碌，无暇相顾。如果大型公司能够提供我们所需的东西，而且辅以并不高明的诱人谎言，我们便会欣然相从。可那是意在欺瞒的假象，是依托于工业的凌霸姿态，是注定山穷水尽的未来世界，是导向末日的缥缈幻景。我们忘乎所以地沉醉已久，时至今日方始慢慢明白，知道我们疏离滋养人类的田野太远，清楚我们漠视据以正确选择的常识太多。回首过去寻觅道路需要耗费时间，需要心存切愿，而且需要彻底颠覆我们与食物及农耕的关系，如是一切我们必须铭记在心，纵使形势无比乐观也该如此。

我继承了一笔古老的遗产，得以在一方心爱的田野上劳作生息。我耕作的田地见于法律事务所那些名目陈旧的合同，从瞥见这些熟悉名谓的那一刻起，我就深知这是一份福惠，一重特权，更是事关经济和劳作的严峻挑战。我身在自然，美景相伴，生活的天地令人陶醉，可我同时肩负一份沉沉的家族责任（我不会出售这些土地，不会辜负父亲的衷心嘱托）。我跟这份土地已然相融为一，难分彼此，不管前景美好还是局面恶化，我都在所不惜。

我们到底在如何塑造大地，我开始从切实可行的角度尽其可能地展开了思考。我一定要搞清楚，我们怎样才能开辟供养自己的一方田园，而且能让土地重现生机，生态恢复健康。我也明白，不论回望过去还是审视现状，我们一定要诚实公允，展望未来，我们又不能少了若许想象和勇气。我还明白，尽管我将父亲的劳作和认知呵护在心，设若调整更改依旧可行，我也会无所顾忌地付诸行动。

可是，我该如何行动？我们又该将怎样的前景和未来付于子孙后代？我已打定主意不集约经营，不超限跃进，不罔顾巨大的经济风险，也不把家中的农田改作工厂。当然，我还不清楚如何彻底遵从自然来打理土地，也不知道如何降低产量而不致破产。我也清楚，如果采取更为持续可行的方式垦田养殖，而没人愿意为此提供支持，则最终破产自然在所难免。只要银行经理一口否决，任是"心系环境"的中产群体称颂揄扬亦属枉然。我更清楚自己得规划出颇为不易的折中方案，一面做好可以支付账目的农夫，一面继续打理生于田野的草木鸟虫，以求问心无愧地面对儿女甚或孙辈。

这方大地上尽是我过往的所行所止,也留有因而所致的诸多伤害,三十多年已然过去,我站在这里,最终不得不坦然发问:这是什么地方?这里有些什么?这里本该如何?人该如何居留于此?我到底该如何行动?

我未能觅得答案却也相信,就算情有偏侧且失之周全,我已经有所感受,也有所理解。

——温德尔·贝里《故园之山》(1968—1969)

在我看来,高度分工就是一场灾难,万事万物莫不表明事实如此,因此,我们处事越是灵活多变,效果就会越发理想。

——应詹姆斯·霍华德·库恩斯勒之询,
2001 年 3 月,简·雅各布斯如是说,
见《告别晤谈及其他对话》(2001)

梦想

"豪华"座椅摆成一圈，外加几把从园中搬来的椅子。老人们坐在那里，一手拿着啤酒易拉罐，一手端着斟了一半的玻璃杯。传统农舍的餐厅遗风犹在，有时用以发丧，有时用以施洗，有时也会像今天这样用来聚会。壁炉架上摆着一尊瓷质翠鸟，作势冲向花纹盘锁的地毯叼鱼。窗外天色阴沉，雨点在玻璃上噼啪作响。

农舍异常整洁，尘纤不染，分明打理了两周有余。餐厅的美食丰盛可口，够所有来客吃上两顿。热衷家务的女眷自己动手做了面包、香肠卷、三明治、沙拉酱、肉片和布丁，摆满了餐桌。她们围在四周，问我们是否吃好，要不要来杯茶水，叽叽喳喳招呼个不停。家中小女儿几年前离家外出，前往与此迥异的现代世界生活，观其举止，俨然硬着头皮体验了一天二十世纪七十年代的生活。这是老旧的家庭生活，只因敬重父母，照顾颜面，她似乎在英勇无畏地忍耐承受。我们目光相遇，她很不自在地微微而笑，好像在问："天哪，我心里想啥你都知道？"我报以笑容，未予否定。

我们相聚于此，是为父亲的挚友戴维庆祝七十岁生日。戴维身材矮小，双腿罗圈，胸膛鼓得好像体内遭受冲击而难荷其重。他干劲十足，总是念叨着各种新点子和新方案。

这是一场名副其实的坎布里亚聚会。我身边尽是父亲的朋友，都让我觉得自己根本没有长大。不管怎么说，这些人可都是乡亲。他们纷纷走上前来跟我说话，问我最近有些什么情况，同时也说起他们那边的事情。其他人则在餐厅另一头冲我咧嘴微笑，以示招呼。小时候，每逢有人这样说话，我总觉得他们是在对我评头论足，可能认为我又弱又傻，谁知道呢？可我现在明白，今天这番谈话会让我们相与团结，越发紧密，此情此景好似畏惧鹰隼的麻雀在荆棘丛中叽叽喳喳。

有个老人不动声色地说他为我感到骄傲。这话有点突然，让我始料未及，我觉得他像是打趣，可他确实没有。接着，戴维过来跟我寒暄。我打小就知道他，也一直喜欢他，可最近几年才真正清楚他有多心细，有多善良。父亲去世的时候，他跟我并肩守夜，一同喝茶。他说他跟父亲终身交好，结为挚友。我们两眼含泪，娓娓而谈。他提起父亲二十岁时的一桩趣事，说一次他把女友送回家里已经很晚，姑娘的父亲因而不依不饶。正在这时，牛圈里传来响动，原来母牛正要生产，他便搭手帮姑娘的父亲接生，事情就此不了了之。戴维说，现在我的父亲已经故去，他会尽其所能，像对待父亲那样将我视为挚友。

听得出来，这是发自肺腑的承诺，他自然也没有食言。

每年，他都会到我的农场跑上两三趟，耐心地给予指点和建议，而我只要碰到问题想起父亲的时候，他总会出现在身边。他还像跟父亲来往那般从我这里购买公羊，我每逢卖羊他都会到场，保证售价公道。我已经四十五岁却仍旧需要别人操心，可这不是戴维分内的事情。我不敢巴望他来关照，所以心里十分感动。他护着我，自己却不以为意，生来就是这么一副心肠。今天他过生日，他说我的父亲到场庆祝该有多好。我说，我也希望如此。

父亲和戴维从小就在一起，两人一起剪毛卖钱，一起参加舞会，追逐姑娘，也一起驾车狂奔，长大持家后还在一起努力共渡难关。他们相互砥砺，并肩打拼，出借巨资以供对方买地，又以其他方式获得报答，因此，他们有所谋划便能如愿以偿。几年前，戴维身患重病。父亲前往探视，回家后坐卧不安，认为走出医院已属永别。幸好戴维最终安然无恙。现在，他正在家中照料所有来宾，一面递上茶水，一面相互攀谈，当然也包括我的孩子在内。他问起孩子们的绵羊，问起他们上学的情况，又吩咐已经成年的女儿拿出农艺玩具送给伊萨克，那应该是他儿子玩过的东西。现在，伊萨克就在玩那些独腿奶牛、缺了一个车轮的拖拉机和漆面剥落的铁皮猪舍。

老人们起先在看孩子们玩耍，后来拉近椅子开始攀谈。他们觉得农耕现在已经偏离正道，问题非常严重。我在一旁听着。有人说,我们还得像以前那样,既要种植各类庄稼,还要养殖生猪牛羊。"完全单种单养没啥好处,"他说,"只种一类东西十分危险,物价疯狂波动就会受损。他们让你多养奶牛,是想借一大堆钱给你,可是一旦出事,银行就会派人接收农场,他们可不讲什么情面。千万别信他们。"

有个老人我早已认识却不便说出名字,他说,现在连经营很好的家庭农场都已经消失不见。银行利率在攀升,肉价奶价在下跌,饲料又在涨价,一堆账单扼杀了农民。我们都见过处理家庭农场的那种阵势,我们站在雨中,拍卖人在贱卖农机和牲畜。当事农民故作镇静,站在拍卖人一旁,妻子挽着他的手臂,一脸休戚与共的笑容,随时提醒可以成交。亲朋故旧蜂拥而至,围在身边,把名字签在账簿之上,买些他们其实用不着的东西以示同情。

我们都知道哪些农民身患精神疾病,也都清楚哪些农民不堪重负,自行了断。

父亲还有个挚友名唤杰拉尔德,他说自己常常站在农场的高处张望伊顿河谷对岸,最近才发现那里完全成了一片"绿色荒漠"。他说,往昔的鸟雀不见踪影,不知刺猬去了哪里?不知蝴蝶又在何处?众人闻言好像很不自在。这番谈吐让我十分震惊,听那声腔口吻,我们不难想起曾经非常厌恶的环保人士。

他们又谈起谁都清楚的一块田地,以前,那块地上庄稼茂盛，一派金黄，轻风拂过，阵阵麦浪在阳光下闪闪发亮。可是现在，那块地已经肥力耗竭，他们从没见过那般糟糕可怜的庄稼。接连种了十五年谷物，这块田地现在只能休耕息作，种植牧草，修复土壤，再让牲畜采食排便增进肥力。说起周边的农田，他们宛若故交——可是，谁又会善待他们过从日久的这些朋友？

另一位我并不认识的老人开始搭腔，他坐在墙角的一把旧扶手椅上。他说，所有一切都是贪财逐利的结果，大型公司欲壑难填，个别农民又贪得无厌带坏了风气。他说我们蠢得可怕，你追我赶结果都掉进了深渊。养一百头奶牛如果能够赢利，就想再养五十头增加收入，如果最终赔钱，还想再养五十头补上窟窿。不管是赔是赚，反正都会多养。戴维的儿子掉过头来跟我说，"这话根本不是玩笑。"

这些老人好像保守党成员，向来十分守旧。我了解他们的性情气质，因为以前便对他们的言论有所耳闻，那时他们青春犹在，而我尚为孩童。只是情况非复往昔。以前，他们不说则已，一说必定平和公允，现在却变得词锋犀利，态度激进。他们说得没错，尽管我跟他们想法一样，闻言之际却也不免吃惊。我曾经觉得自己跟他们渐行渐远，现在看来，其实是我们跟各种谬见拉开了距离。我们都在沉思默想，以求把握现状，走出困境。由于谈话一本正经涉及时政，我们都微有嫌忌，于是不约而同地起身离座，像企鹅那般排为一列,前往厨房享用布丁。雪莉酒配着乳脂,奶酪饼加有柠檬,水果沙拉切得精细悦目。我们入席享用,找诸如足球一类的其他话题谈了起来。

※

从戴维家回来之后,我赶紧前往牧场,查看日前被洪水困在山顶的几只绵羊。羊没有出事,不过还得看看它们是否发病。情况还算不错,我十分轻松地回了山间的老旧农场。小溪侧畔的野草倒伏在地,可见洪水漫到了什么地方。干草场上水洼斑斑,好像镜子映出了天空。放眼看去,一切无不清新而鲜亮。天宇蛋蓝①,飘着朵朵白云。我举步下山,缘溪而行。细流汇入,溪水涨波,好似小河。

我们的田园又是一派生机,万类相竞,不问微著。野花冒出了碎石,悬在洪水冲过的河堤之上。微风拂过,毛地黄摇曳生姿。娇俏的衣蛾跟蝴蝶或是棕色,或是橘色,或是白色,在花簇间往复穿梭。百码以外,一只苍鹭笨拙地飞出灯芯草丛,双翼鼓风,宛若船帆,在山谷间上下翻飞,滑向两块牧场之外的那条小溪。一场洪水,我们的山谷总会光彩熠熠,焕然一新。《圣经》时代的洪水将往日的罪

---

① 蛋蓝,原文为eggshell-blue,亦称蛋壳蓝,知更鸟蛋微微泛蓝,遂以名色。

孽涤荡一空，我们的时代则不然，大水退去，人类在往昔和眼下的"创造"又见天日，杂沓不伦。

❦

我们的田野宛若诗歌，在五彩斑斓的大地上风格各异，它成于众手，既有劳作于斯的今人，也有成千上万的先辈，他们累世相益，赋予全新的意蕴和故事。悉心研读，这首诗作就会讲述颇为复杂的真相。其中有摄人心魄的美景和令人心碎的痛楚，有人类获取的胜利和遭遇的挫败，有人之为人的卓越品质和陋劣种性，还有我们的所愿所求，以及暴殄天物的勃勃贪欲。这首诗展示了什么与时俱变，什么亘古不易，也提及人类质朴艰辛的劳作，千百年来，他们坚定执着，以免世界巨变而被狂风骇浪尽数卷走。这首诗还提到，有人丧失依凭而被逐离乡土，却仍旧心系故地，以求觅得道路重返家园。

❦

父亲故世仅有五年，我们却早已离开了他租来的农场。开车离去之际，我默然无语，两眼含泪，那里有我多少童年的足迹，又有我多少青春的时光。那是我游乐的天地，受教的场所，也是我初次劳作的田野。作别之日，往事纷至沓来，注满心头，我想起了学到的东西，想起了无数美好的时刻。那片农场是我据以观察世界的棱镜，如何了解天气，如何耕种劳作，如何待人接物，如何识别身边的草木鸟兽，我都受教于此。离开那里，好像跟挚友挥手永别。我扔弃了呵护在心的那方天地，任由它七零八落。话说回来，那个农场并非我家的土地，永远也没有可能。如果我们还能坚持下去，做点有意义的事情，自然只能考虑自家的山间农场。

于是，我们在祖父的农场上定居安家，那一百八十五英亩土地属于我们自己。放在五十年前，这个农场可谓规模相当，以今日的工业化标准衡量则显得微不足道。银行经理说，娱情遣兴它显得太大，赚钱养家又显得太小。随它怎样，那可是我们自己的农场。

我偶尔还会行至曾经租种的那个老旧农场，好像拜访情深意笃的故交，奈何对方已成陌路之人。父亲每隔几年都会焚烧山坡的荆豆，可是现在，那片荆豆已然了无痕迹，早让巨型挖掘机或推土机抹得一干二净。那块古老的农田就是"鸟兽地"，本地农民为它赋予了现代色彩。干草场已经犁翻加以"改良",不见种植大麦、燕麦或蔓菁的地块。农场上下整饬有序,一派鲜绿,改种作物后效率更高。当年,我们在这里捉迷藏,朱顶雀每每从电话线上方一掠而过,山楂树丛聚而生,野兔在其间奔突竞逐,黄鹂在满目金色的荆豆上放歌——现在,如是一切荡然不存,成了过去。

记得父亲那时已经年迈,两眼圆睁,站在地上,四周烈火熊熊,干燥的荆豆噼啪作响。想当年,村里的校长夫人总会说三道四,我真想下山拜访一谈,尽管家父执守古道,耕田于斯,也尽管他每隔十年就焚烧荆豆,树丛的鸟雀却仍旧毫发不损,蓬勃如初。可是现在,连她也走了,世界非复往昔,这片农场不再是我的那方天地。

古语说,一日耕田,千年为计。意思是说,我们应该保护自然资源,就像注定要面对我们所致的长期弊害,而非制造一团乱局留待他人打理。我发觉,虑及将来的千年大计会沮挫志气也无从想象。谁能富得神圣如许?那是个别贵族,还是规模庞大的保护组织?人但凡心智正常,都会认为变化势所必需。英国农场的野生动物日渐稀少,仅是我的有生之年,统计数据也让人愕然,遑论气候因素所致的事端有悖常态,情势骇人而前所未见。我们固然需要因革损益，可是鉴于眼下危机相迫，已在眉睫，我们必须清楚应该如何变革，又该如何着手。

我们著土谋生，没法全然离开大地，没法像天使那般飘在空中。启蒙运动以来，有一种耽于臆想且蛊惑视听的观念露出了苗头，复经工业革命大肆鼓荡，推波助澜。人们因而离乡别土迁居城镇，经过一两代经营，及待教育滋养，经济改善，又以消闲遁世为名重返故土，跟田野建立了一种前所未有的关系。离去之际，我们身为农夫，回归之后，我们单纯为了欣赏"自然"，耕地种田的则成了那个手脚粗笨的群体。我们摆脱了艰辛的劳作，几步之遥则是以农夫为名给我们提供食物的那个群体。我们觉得老旧的耕作方式苦不堪言，因而在想方设法躲避杀戮，远离死亡。这类臆想诉诸境遇更高的状况，奈何耽于空想跟胡说八道几无区别。

人类要在好多地方保护自然，从操作层面而言，最佳方案便是彻底远离，绝不染指。我们对自然大肆破坏，到了让环保人士绝望的地步，有人便觉得如是方案恰切可行，所以，纵便集约农业有多不堪，我们也该欣然接纳，以便尽可能在其他地方（比如山区）为原始生态"腾出"空间。如此绝望可以理解，解决方案却无法施行：理论上"腾出的空间"很难成为期待之中的天然世界（要想"效能"大放异彩，就得保证天下农夫群起响应，使用不可计数的化肥农药和耕田机械，最终让土地肥力耗竭，沦为不毛）。即便事实并非如此，由于公路往来，铁道纵横，修房建屋，人类的基础设施也无法让乡间的大片土地成为名副其实的天然世界。而且，即使山区可以复归自然，也永远不会成为独立存在的生态孤岛。任何地方但凡微有"天然"迹象，就需要大量的食草动物在山区和平原之间追逐寒温，往来迁徙，也得有食肉动物四周出没，逡巡猎食。名副其实的野外及维系运转的物种已然消失，无法复原。农田弃耕实难等同于恢复原始生态，以鹿群取代羊群收效甚微。我们何妨反其道而求之？须知，人类居于食物链顶端，可以别出机杼，通过仿效自然重置如是功能，否则，由于没有天敌，野鹿野猪这类动物就会成群肆虐，破坏环境。

　　再造过去绝无可能，所幸我们无须如此，因为在垦殖已久的土地之上，不少物种其实就在茁壮生长。此情此景尤其见于树篱、林地和干草场之上。现在，农场的好多物种日渐稀少，因此，我们得格外留意，以免残留的那点旧式景观彻底消失。鸟雀与人类相伴而生，历史久远，谁都无法确知，在遗落于洪荒的邈远时代，它们又在哪里繁衍生息。杓鹬便是如此。当然，如此言说并非意味着我们不需要原始天地，不需要野性盎然的辽阔世界。我们当然需要。问题的复杂之处在于，我们需要天然景象随处即是，乃至见于高度集约化的农田牧场。为了让天然世界持续长久，我们得寻觅切实可行的折中对策。除却个别地方，不可将大地绝对弃为荒野而或纯粹用于耕田，非此即彼的解决方案断不可取。我们该让农田和自然相与倚重，而非界限分明，判然相别。

英格兰的人口密度超过一平方英里一千一百人的水平，需要为五千六百万人提供一日三餐。这里的绝大多数地方已经垦为农田，往后恐怕仍旧如此，因而，从生态角度而言，如何让用以生产的土地更有自然意味，成了我们无法回避的巨大挑战。我们固然无法清洗岩石，可是身为农夫，我们都能塑造生息于斯的家乡，使它境况更好，越发美丽。至于如何行动，有些方案见于过去，见于我们尚未遭受技术蛊惑之前的耕作模式，有些方案则需要依托科学，采用全新的处事方式（比如分析土壤养分，研究牧养活动，觅得最佳效益，又如，请教环保人士，以了解生态修复所需的生物群落和天然进程）。我们可以种地耕田，还能保有肥沃的土壤、清洁的河流，完好的湿地和蓬勃茂盛的森林荆棘。我们可以让田野芳草遍地，野花满眼，也可以让昆虫成群、鸟雀翻飞、蝴蝶翩翩。我们如果觉得如是一切不可或缺，就该形诸法律，支付费用。要想最终如愿，我们必须摈弃追求廉价食品这类教条，以及这几十年以来由它滋生的耕作模式和食品政策。我们或许不该轻信各类新型技术和新潮说辞，反倒应该回首过去，属意于颇为简约的传统技术和古老观念，比如轮作经营，混合耕种，以及明智的经营策略。要想再造更为悦目的乡村景观，最佳方案则是组织农民和其他村民，启用尚未彻底消失的耕作思想，激发他们对家园的挚爱跟自豪之情。我们可以重写一曲英伦牧歌，那绝非缥缈难及的幻景，而是让所有人惬意称心的一方天地。

※

父亲在世的最后几个星期，总是喜欢和我在农场上四处走动，直接跟我谈起他身后的事情。他交代之际我相当别扭，我成了主角，他却变得无足轻重。他在辞谢人世，挥手作别。我想办法不让他那样说话。在我心里，他还是农场的主人，也在告诉自己他不会离去。可他十分清楚自己已经跑完了最后一程，已经将接力棒交了出去。交接之际既没有黯然伤神，也没有一了百了，更没有深感挫败，他反倒十分欣慰，似乎完成了担负在肩的一份使命。

此前几个月，他便发现康复无望，留存人间或许仅有数周之久，于是考虑如何度过最后的那些日子。母亲问他想干什么，他的回答十分简单，我们也丝毫不觉得意外。他说他想回家，回到农场尽其所能度过余生。他没写什么，也没说什么，只是暗暗列出了需要着手的所有农活。回去之后，他慢慢干了起来，尽管时时体力不支，却也了结了那份心愿。

礼拜六那天，父亲带着我的大儿子伊萨克和小女儿蓓雅一起安装大门，因为他说"我老是不安"。那道门位于草场之上，就在农舍对面，一边是羊群采食的牧场，一边是长满野花和野豌豆的草地，每年夏天我们都会收割堆聚，晾为干草。大门旁侧，两道古老的石墙迤逦而去，爬满苔藓地衣，时段不同则光线有别，墙面因而光彩闪闪，或为翠绿，或为金黄，或为深紫，或为银白。几百年来，墙体难荷其重，略有下沉，有些地方竟有六英寸之多。它时而左倾，时而右陷，由是高低起伏，像松弛的鞋带那般微微蜿蜒。迎风一面，墙角还堆着去年秋天的山毛榉落叶，远远看去色如古铜，步履过处，好像踩着塑料泡泡，干爽酥脆，嘎吱作响。

伊萨克今年七岁，在他嘴里那是"爷爷门"。他经常说起如何跟姐姐和爷爷收拾那扇大门。原来的两个对开门扇早已残破不堪，一次，妻子送孩子上学，由于两人坐在后排拌嘴使她分神，她倒车出门之际并未发现风已将大门吹得半开半掩，因而撞碎了一个门扇。父亲便将两扇门相并为一，重加利用，一道全新的大门便出现在眼前。重修的大门有点奇特却十分好用。我几乎每天都从这道大门进进出出，它端端正正，开关顺手。修门那天正在下雨，他们似乎不以为意,尽管回到家里已经浑身湿透,每个人却都笑容满面,因相互协作而满心自豪。父亲心里明白,现在,有那么多的事情他是没法教给我的孩子们了,好多原本可以做完的事情他只能永远放手,不过那天,他却让一个小小农场的男孩和女孩看得清清楚楚:你可以旧物新用,变废为宝。

※

父亲走后两三年,我才明白了那个再简单不过的事实:我已经接替了他的位置。我和父亲没有区别,前有先辈,后有子孙,我们居于其间仅有一瞬。农场何去何从,得有人做出决定,现在我便身任其事。可是,我的选择十分有限,在此拓荒的农夫当初如何决定,我也几乎不出这一范围。我们的田地位于山间,遥处北方,海拔不低,更兼土壤状况、气候条件(受制于海湾洋流)和季节更替多所制约,最终限定了耕作方式。这类位于湖畔的山间农场向来便是养殖的首选,英国土地的四分之三左右不宜种植作物,我们这里便是如此。尽管如此,我们还得营谋生计,清偿债务,担负对家庭和社会的那份责任。我们只能据土劳作,出售产品。

跟过去相比,我们的农场劳作依旧繁重艰辛,需要轮番种草，喂养牲畜以供出售。我们只好守住土地，谋求给养，传之后人方能作罢。我的孩子是否有意接手农场，我不得而知，而或，纵便接手能否妥善经营更是无从设想。生活复杂多变，他们将要面对怎样的世界颇难思量。我只是希望，身为孩童，他们愿意尽其所能地了解耕田事宜，也能对自然世界心存敬畏，满怀热忱。若论成长环境，这方山谷堪称天赐乐土。孩子们可以在不失野趣的地上闲逛穿梭，可以在林间溪畔嬉戏游玩。

我们情愿坚守初衷，耕田于此，一似终有一天我们的孩子将要接手打理，我们也心存隐忧，担心他们往后能否真真切切地劳作经营。目前，我们只能日出而作，倾力而为。

❦

天尚未放亮，我便醒来难以入眠，心里思绪翻滚，像启动的引擎那般旋转不停。如何决断，如何选择，头脑中尽是农场事宜，此外一无所想。我忧虑重重，教训良多，也有不少债务。睡觉时分我会开着窗户，以便听到夜间的响动。猫头鹰在低鸣，风儿在白蜡树间呼啸，过境的大雁在呼朋引类。太阳冉冉而起，顷刻之间曙色满窗，头顶的橡木屋梁一派银灰，将三角形暗影投射在灰泥粉治的屋顶之上。日光好似从金色的蜜罐倾泻而出，室内大放光明，一片辉煌。

我起身下楼。平素,只要太阳初升,伊萨克就会随我前往牧场,一路上衣衫不整,睡眼惺忪,头发蓬乱。可他今天还在睡觉。我得立即出门,确保即将产崽的那头母牛状况良好。昨晚它已骨盆开张,似有随时生产的迹象。天将破晓,冷冷清清,我径直走出前门,林木深幽墨绿,映衬在灰白的天空之下。

大概是在六岁那年,我有本《穿靴子的猫》,书中附有立体图版,刚一翻开,用三四块纸板撑着的树木和山峰就会跳出书页。现在,从农舍张望帕特代尔,辽远的天际总会让我想起那本小书。五月将尽,蓝色的天空预示着晴好的早晨。我举步上山前往牛圈,途中俯视下方,但见山丘环绕,白雾似海,静静地伏在山间。每逢此时,只要走出山谷爬上山坡,不但周遭凉意不再,脸颊都会觉得温暖。第一缕晨曦照临大地,我家的农场复现于眼前。我喘息片刻接着爬山。山下,雾气逐渐散去。牛圈旁侧,橡树梢端的枝条在晨光中若隐若现。山顶满目橘色,灼然在望。

※

以前,天刚破晓,我们便会出门牧羊,其实就是前往牧场计点查看,确保牛羊没有意外。如此"履职"垂为传统,让我们身为牧人不失本色,这份责任在过去自然必不可少,到今天依旧不可或缺。不过现在,我所以要一早出门,除了查点牲畜,还要观察田野,瞭望山谷,以求真真切切地欣赏农田及其周边的自然美景,同时也清楚怎样才能更为有效地予以保护。土壤丰腴肥沃,既能放牛牧羊,又能耕田种草,农田旁侧林木丛生,野花野草争奇斗艳,满目皆是。然而,如是一切我们若非视而不见,便会觉得理所当然。清早出门,我也在领悟品味,忖度思量。

耕田种地,我们纯粹利用天然土壤和太阳光线,弃用化肥已经五年有余。我们多方设法,不惮琐细,对农场做了完善调整,不仅在溪畔另辟天地以供动物栖息,而且再造沼地,恢复草场,以使野花自由绽放,同时播撒树艺,用遗失百年的品种让牧场再现原貌,除此之外还广栽林木,培植树篱。不论衣蛾、蛆虫、蝙蝠、蚊蝇,而或食粪甲虫,以及细流之中岩石下方的各色生命,这些生灵时隐时现却十分重要,童蒙之际我们不以为意,从现在开始我也予以关注。

两块草场之外,杓鹬飞入天空享受暖意,一只布谷鸟藏在山顶的树荫之中,"咕咕,咕咕",阵阵啼鸣柔和悦耳,山下,鲍尔德豪那边的屋旁有些西克莫树,秃鼻鸦在树上相互斥责。黎明渐至,伴着寒鸦的阵阵啄击与声声喧哗。离开棚厩我举步下山,牧羊犬塔恩跟在身边,二十来步便告别了阳光，重返寒意袭人的山影之中。再过一个钟头，阳光才能射入暗影沉沉的绿色谷底。塔恩一身露水，沾满白色的草籽和黄色的花瓣。我领口张口，它冰凉的爪子搭上我的脖颈，让我不禁一阵哆嗦，脚下的皮靴也早已湿透。

日光自东南射来，行将照临山头，道道光线始而橘红，继而淡黄，最终将会成为白色。不过这里白日未至，娇娇的野花依旧萼瓣紧拢，好似畏寒而攥的小小拳头。蒲公英周身是露，毛茛俯首暗夜，头颅犹垂。我跟塔恩正在前行，不知从哪儿窜出一头雌鹿，带着小鹿奋身跃起，向草场那边狂奔而去。它无比警惕，却在迁就宛若磁石那般粘在身旁的崽儿。那头母牛已经产崽，在近旁的草场上卧着反刍，乳头闪闪有光，牛犊已经吃过，它就卧在妈妈的一旁。母牛微微而笑，似乎知道我一切顺利，一身释然。我走近几步，它摇着头几声呼哧，好让我明白此时搅扰非唯无用，抑且多余。我便退后几步，转身离去。

✿

我出生于斯，劳作于斯，未尝间断，然而，直到现在，我才开始真正了解这片田野。我不分晨昏昼暮，也不论雨雪阴晴，在这里跌跌绊绊，往复穿梭，此前从未像现在这样留心留意，乃至好像视而不见。了解越多，农场景色和山间风光就显得越发秀丽。让我离开这里并非易事,我从未想过谁能让我违拗心志,告别这方田野,告别这姿态万千的光影山色。居留越久,山间的乐曲就越发清晰。鹡鹩匿身荆棘,悄然放歌;草叶遍及牧场,窃窃耳语;山风过处,苏格兰松枝柯摇曳而奏响天籁。我融身此地,与这片田野浑然为一,难分彼此,既然它已将我安置于此,那则讲述回归、衍为一生的漫长故事便有了结局。时光延迁,昼夜递变,身为主体的那个"我"渐次远去,作为客体的那个"我"也消弭了意义,现在,要想追忆我到底是谁,又何以应命而为,都要大费周折。今人标榜自我,崇奉个性,殊不知那是一个镀金的牢笼。寄身大地,隐匿小我又何尝不能获得解脱和自由?我想,在这喧嚣扰嚷的时代,尽其所能地安静生活恐怕也是一桩成就,一种美德。

天未大亮,一对乌鸦在空中嘎嘎而鸣,它们双翼带风,活似老人呼吸不畅。我正欲翻过石墙前往牧场,它们察觉动静便发出警示,旋即消失得无影无踪。冬天,这块牧场毫无特别之处,跟山下一英里之外的现代农场相比,也没有什么明显的不同。可是,三个星期前,我封场禁牧以待干草生长,结果,眼前很快出现了一幅斑驳陆离、令人炫目的美景。这幅图画在逐日递变,一百余种草木争荣竞胜,开花结果,草场之上五彩斑斓,深浅有致。

为了观赏风景,我在回家之际总会翻过草场边上的围栏缘溪而行。走过羊群围聚饮水的沙堤,两只野鸭受到惊吓突入了空中。身后,那头新生的牛犊连声哞哞,向着牛群呼唤友伴,对方也在回应示意。

这些尺幅廓大的土地围以栏杆,不容放牧,换作以前我会视为浪费,现在却成了我学习的天地,我由此明白野花野草在如何渐次生长,河流不加干预会如何变化,树木如何发芽长大,如何死亡衰朽,又如何重回大地而化尘归土。十年前,我家的农场根本没有这般景致。事情所以如此,乃是由于一位名唤露西的年轻女士。妥善打理土地意味着什么?她改变了父亲的观念,也让我有了新的认识。

当初,露西要跟我们就本地的河流晤面聚谈。父亲说她来自"水务部门",可事实并非如此。我们这里,但凡有人跟江河湖泊扯上关系就会称以"水务人员"微事鄙薄。露西其实来自河流保护的民间公益组织。那时,我们尚未将祖父的仓房改作居室,故将拖车充为农舍跟她会面。父亲倒是乐得将这辆拖车置于路旁,尽管该车由我们出资购买,在他嘴里却成了"我那拖车"。他经常请朋友到车上享用咖啡,品茶谈天,这车也就成了他们所谓的"马特代尔社交中心"。

那时海伦跟我还在卡莱尔,在一间小屋中勉强寓身,那间小屋红砖砌成,挤在原为棉纺工厂的排屋之中。我每天驾车回农场干活。那年卡莱尔洪水肆虐,冲到我家门前几米的地方,将好几百人逐出了家门。洪水过后,家中的物什浸水发霉,清除之后堆在街上。宽屏电视、地毯、光盘、桌椅、毛毯,以及儿童玩具,尽皆扔出门廊窗户装车拉走。人们谈论大水从何而来,又该如何对付。我们的农场位于二三十英里之外的上游地带,在雄伟的分水岭上占据了角隅之地。我想,露西正是为此而来,当然,她还要考察地势,看看能否拦水排洪,降低水患。

我们坐在拖车里,开着煤气炉等候露西,听她谈谈我们的河流。父亲一直在调侃打趣,好像露西此行是要告诉我们滚蛋,因而准备应付一番。谁知道她会不会拿我们尚未知晓的罪行说事,而将我们起诉拘押。

露西上车后大大咧咧地来了一杯茶水。杯子脏兮兮的。父亲对厨房卫生很不在意,不管水杯布满茶垢,也不管茶水让人看着很不放心,他却总会一饮而尽。露西为人阳光可亲,十分大方。她让我们不必担心,此行并非拘押我们,亦非知会我们迁离。寒暄既毕雨过天晴,我们可以去地上走走。她跟我们说，好些（河流）有多反常，我们又该做些什么。她让我们明白，本地的河流哪些方面相当出色，哪些方面又不尽如人意，她辞气平和，既没有高高在上的姿态，也没有无所不知的口吻。露西说，十九世纪的人们每每徒手行动，将我们十分熟悉却鲜有关注的那些河流拉直了河道，挖深了河床。最终，这些河流沦为人工开挖的排水通道，对鲑鱼和鳟鱼栖息而言非但过直过深，而且过于整齐划一。她解释了个中原委，正常河流有急有缓，有宽有窄，既有浅滩深水，还有堆积砾石、沉淀泥沙以供鱼类产卵的河段。露西只谈事实，不加评点也未予批评。父亲跟我听得十分投入，此前从未有人不惮其烦详加解释。她言之有理，我们意有所悟。

露西说，我们分明可以做好多事情，以便在农场下游"减缓水势"。河流需要恢复旧貌，再现本色，不可规划干预，而要留足空间任由迂回蜿蜒，此外还得沿岸植树，其间杂以老树，为鱼类和其他生灵提供更为理想的栖居环境。她接着说，在相宜的河段栽植树木还能让洪水流速放缓，进而渗入地下而不会从地表流走。假如野草丛生，苔藓茂密，泥炭遍布，山坡和沼地就会"高低起伏"，像巨大的海绵那般发挥作用。若论蓄纳雨水，贫瘠板结的土壤不及草场的沃土。露西说，如果这些因素相辅为用，在河上创造更为天然的栖息条件，我们的田野就会面貌一新，彻底改观。

如果觉得这些举措可以遍地推行，恐怕不大切合实际，可在不少地方却能推而广之，比如我家的这种农场。她卓有见识，就我们如何耕田问了不少问题，接着询问，假如他们提供帮助，我们会想什么办法调整生产方式。这当然不是空谈，她有行动基金，只要我们有意合作，她就能够提供补偿。

至于我们的田野在多大程度上能够改观，恐怕我们依旧持怀疑态度，这一点跟好多农民没有什么不同。连祖父那个风光秀丽的老旧山坡农场都已经有了变化，虽然不像山谷之外的现代农场那般面目全非，却同样遭到那股力量无所不在的伤害侵蚀。家中的农场上，昔日植于窄小农田间的树篱已经长得走样变形，围栏锈迹斑斑，木桩早已朽坏。我们无力整治也没法更换，便将小块田地相并为一，只是经管方式一如其旧，经常让羊群啃食牧草。

由于露西提供资金，出手相助，我们重置了所有的老旧田埂，也恢复了不少的新整地界，阡陌纵横的景象又见于农场之上。不过，她希望河畔、池沼和林地以围栏相绕，另加打理，偶尔允许牲畜采食一二，也希望加宽树篱，广植林木。

跟露西相谈过了大约一小时，我突然感到情况有点特别。我们一向不愿招惹是非，过问闲事，所以家中根本不会谈论外面的这类话题。不知出于什么缘故，父亲那天十分上心。我们的谈话气氛颇为友好也大有裨益。露西走访山谷意在改善河流状况和鱼类处境，而在我们眼里，昔日的农耕景象格外迷人，双方因之不谋而合。露西打算提供帮助，好让我家新建的房屋四周田野如昔，再现原貌，也让已见颓势的山坡农场恢复旧观。只要我们满足她的要求，就能以半价获购一批全新的围栏。我们在倾听之际盘算得失，对此举会有何种意义固然颇为上心，却对半价围栏更加在意。

父亲完全接受提议，非常意外地催我尽快决定，他跟露西说："那终归是他的农场，该他作主。"无论是栅栏围河，栽种树木，还是重划农田，另植一英里之长的树篱，均属彻底改造农场的举措，事后问他何以赞成，他说我们"只能配合，除非你有金矿可以自己购买围栏"。几个星期后已是隆冬，一伙波兰人来到山间，依照我们商定的方案改造农场。这些人冒雪干活，那股不畏严寒的劲头让父亲印象极深。

※

事后看来，露西提议我们围栏护河，确实相当机敏。父亲可能有点动心，也对这些改易心存祝福。露西并没有掠走这些土地，也没有夺走我们的权益，只是另设条款交由我们关照打理。自此以始,我们要经管一些限耕禁牧的土地,这些地块差不多要彻底交还自然任由发展。当时我还理解不深,尽管如此,露西和父亲还是让我负责那些半荒半耕的土地。身为农民,这是身份职守的一次重大转换,起步着手颇为艰难,长期料理更需要彻底调整思路,更换举措。我们世代耕地种田,这恐怕是前所未见的"弃荒"之举。初步着手便给农场带来了变化,也对我产生了影响。只要付之行动,后续便会顺利不少。

波兰人架设围栏不久,河畔的野草便开始疯长,显出前所未有的势头,田鼠也成群出没,在荒草中四处乱窜,跳过树根,攀上岩石。不出几个星期,消失数年的猫头鹰又飞回我们的田野,前来享受这道美餐。目睹猫头鹰重现,我们全家十分自豪,好像一番努力直接有了回报。我们因而对自己的身份有了真切的体认,假如祖父在世,想必也会深予认可。

此后,更为狂野的草木逐渐占据了河岸,只是用时颇久因而并不显眼。起初三四年,粗壮的野草在河岸上挺身而起,挤占了娇弱野花的生长空间,河畔一时显得单调寡色。然而,又过了一两年,紫色黄色的野花突然冒出草丛,遍地绽放。蝴蝶和蜜蜂等昆虫在鲜花中往复穿梭，衬着夏日的余晖，腾起一片金色的薄雾。我们微事帮助，潺潺细流便挣破了一两百年前人们强加的枷锁，渐渐回归自我，宛若意大利面条抛撒在地，交错蜿蜒。娇俏的垂柳和桤木不劳打理，便在河畔落地生根，碎小的砾石在树丛之后渐次沉积，起初迤逦若线，很快越来越宽，最终为小河再造岸堤，重塑流程。河水在小树之间放缓脚步，留住碎石细沙供鱼儿产卵。

现在，河岸好似细长的公路，任由野生物类穿梭奔忙。紫色、金黄与粉红的花朵夹岸而生，衣蛾、蝴蝶和白鼬随处可见，野兔、蜜獾跟狐狸的地下回廊在纵横盘错。一只水獭带着两只雏儿，在这前景光明的世界占据了一席之地。河畔鸟鸣盈耳，燕雀、乌鸫、水鸫、夜莺、蓝山雀和煤山雀在竞相放歌，斑尾林鸽也在咕咕而鸣。早餐时分，我刚走近家门，一只雌鹿带着小鹿一跃而出，跳过农舍，这是它奔离草场隐身林间的寻常路径。

🌿

记得十岁那年，祖父告诉我应该栽树。这番教诲让我略感不解，因为就我所知，他自己从未栽过一棵。我想，这也是他觉得该做而未做的一件事情。二十世纪四十年代，他租入农场之际，干草场后方的山坡就长着苏格兰松，说起这些树木，他十分动情。可我印象之中唯有朽坏的树桩，我曾带着塑料战士在那里排兵布阵，一次不慎碰破残株，被倾巢而出的红蚁咬过。多少年过去了，祖父的话语仍旧留在心间，未曾忘却。

🌿

去年三月的一天颇为温煦，那是礼拜六，天灰蒙蒙的，绵羊尚未产崽，我们叫上孩子，一同前往农场上围栏封护的弃耕区域。橡树幼苗行将着花，在麻袋中露出梢端。正是栽树的时候，要不就晚了。我们把铁锹插入草皮，挖出小坑以便栽植。橡树苗高约十八英尺，我们轻轻地放入坑中盖上草皮和泥土，再用鞋跟和鞋尖在四周踩得密密实实。大女儿莫莉在搬运护栏和支架，由她固定在每株小树上以防野鹿啃食。她跨过小河便要留步片刻，观察往暗处飞窜的小鱼。野草又高又密，伊萨克抱着树苗跌跌绊绊。他跟我说，等自己当了爷爷就再来这里，看看这些树"到底活着还是死了"。听那话音，好像对我们的计划持怀疑态度。

我的母亲在小河那边拆解捆扎的榛树和山楂幼苗。她已经头发花白，身体衰弱，却很喜欢给我们搭手，在农场上竭尽所能地干些轻活。她说，来这里就会觉得离父亲近些，他仿佛还在跟我们一起干活。父亲的骨灰撒在农场高处叫骏马草场的地方，所以还能"照看我们"。母亲伤心难过的时候，前往农场干父亲干过的活计似乎就能缓解少许。现在，这处农场的前尘往事在她那里，她提醒我，父亲只要培植树篱，每隔三四十英尺总会留一棵端直的橡树或白蜡幼株，好让它们长到树篱上方。我们修整树篱的方式代代相传，遭到冷落却有三十年之久。去年，我们再用此法整治树篱，已经长大的那些树木就是父亲上次留下的那批。现在，这些树木已经冒过树篱，高大挺拔，浓密的树冠枝柯舒展，与沟渠旁侧的大树交相掩映。

۴

这条林荫小道的尽头有块"斧劈石"，那是数千年之前，一次冰川运动搬运至此的一块巨石。我走过小道，行经巨石，穿过木门，向家里走去。此刻，太阳将山谷分作两半。

农舍之后的南向山坡晨曦照临，光彩熠熠。小河对岸，一只野兔在草丛中蹦蹦跳跳。它忽高忽低，好似人头攒动的集市上显眼的旋转木马，上身随着跳动乍隐乍现。它见我走过便停下打量，双耳后抿，探出草丛，宛若一个大写的K字。

农舍后方，有个小男孩正在向窗户外边张望。这小小的汉子身体健壮，金发卷曲，满面笑容饱含期待又透出狡黠。那是我的幼子汤姆，今年还不到两岁。较之为他赋予姓氏的祖父，那股倔强毫不逊色，对农场的痴迷也不遑多让。他小脸紧贴玻璃，呆呆地看着外面的世界。几个月大的时候，他就经常坐着，要么凝视菜园的母鸡，要么盯着偷食鸟雀坚果的红松鼠，要不就冲着对面山坡的羊群大声"咩咩"。我每天带他饲喂牛羊，如果撇下不管，他就会大发雷霆，有时站在门口两腮挂泪，号啕大哭，有时狂摇菜园的门扇泄愤，因遭遇不公而大吼大叫。对他而言，农舍和菜园那边就是声声召唤。他经常随我出去，他的妈妈有时也会一同前往，以便在我干活时照看他的安全。他身穿连衣裤，戴着连指手套，天气多糟都好像浑然不觉，有时浑身湿透骑着四轮摩托车，小小的脸颊冻得发紫，任是风云雨雪，总是我行我素，雷打不动。

　　我吆喝牛羊前往干草场，他也会跟着吆喝。我对牧羊犬发号施令，他也会嗓门尖细地来上几声：卧倒，塔恩！狗舔着他的脸颊，任他拍打驱赶也不依不饶。查完羊群，喂好奶牛，我们准备回家。他见我伸手要将他从摩托车上抱下，便冲我摇头，看那样子，好像宁可通宵坐在雨中，也不愿次日看着雨过天晴。所以，回家后我一边给他拍打灰尘，一边跟他连声道歉，告诉他过些时候就带他看刚刚出生的牛犊。回家吃早饭的时候，我总会向他汇报看到的一切。至于我提到的那些飞龙，他好像心存狐疑，将信将疑。

❦

　　早饭过后，我带上牧羊犬塔恩和富劳斯，向农舍后面林木丛生的山涧走去。这道山涧形呈 V 字，气势凌厉，由河水切割山坡而成，一头是山下的平旷地段，一头是地势最高的山顶坡地。每逢暴雨，洪水便在农舍旁侧轰鸣奔腾。到了冬天，狂风在山上咆哮，掠过房顶，掠过石板，一波紧似一波，我们缩在屋里，浑如紧贴岩石的藤壶。这道山涧长约四分之一英里，最深处七十英尺上下。涧底云杉丛生，拔地而起，以四季常青的枝条点缀着山坡沟壑，一百多年前不知成于何人之手。从高处瞭望，苍翠的树冠也能收入眼底。老鹰在一棵树上衔枝搭巢,足有孩童的床铺大小。一旦这些树木垮塌倒地或被风暴掀翻,就会搭在山涧对面,最终苔痕斑斑,成为红松鼠往复飞奔的空中便道。涧中穿行,我会带着牧羊犬俯身而过。这些溪涧宛若血管,又似缎带,从山上的野生林地飘至山下的漫滩,一路穿过我家的农场。这里是老树的天下,到处可见断桩残株。伊萨克说,这些枯树恐怕在背着人偷偷生长,就像托尔金笔下的那些"恩特"①。它们盘根错节,时而突出地皮将我绊倒,惊得老鼠和捕鼠的白鼬四散而逃。走出山涧重见天日,耳边传来击打木桩的阵阵锤声,木头碎裂的声音在山间回响。

※

穿过大门到了"新地",那是我家地势最高的农田。这块地状况不佳,三分之二陡峻不平,是野草蔓生的南向山坡,其余三分之一是软湿的沼地。得悉该地出售,我们便出手买入,那时父亲故世也就两三个月。我们所以行动,只因售价便宜而且另有缘故。这块坡地只有壮悍的牛羊可以采食,还是我家农场小道之上的唯一地块,除了我们,

---

① 恩特为似人如树的智慧生物,出自英国作家托尔金(《魔戒》作者)的作品。

对别人用处不大。夏天，坡地上山胡桃、红白苜蓿、夏枯草、毛茛、勿忘我、报春花、野豌豆、兰草和刺蓟到处都是，满目缤纷点缀着一片绿茵。购入这块坡地旨在保护这些野花，因而附有若许环保条款，对何时采牧又如何进行均有规定。坡底的沼地湿得几乎没法站立，块块草皮浮在上面，就像蛋奶沙司的那层脆皮。由于四周的雨水尽数排入几难流去，这方洼地常年浸水，成了野草疯长，灯芯草蔓生的一块泥炭湿地。站在那里，小小的鲇鱼跳出我的身影，向几码之外的眼子菜奋力跃去。

购买之前，地上几乎重新布设了围栏，唯有湿地成了例外，一侧的围栏行将倒伏，另一侧根本未曾打理，可能是操作的机手不想弄湿自己的双脚。所以，入手之后我另雇伙计，让他们补上围栏以防不虞。我们绕行丈量确定工价之际，发现邻家的一只母羊陷在里面已经死去，头部还有野獾啃过的痕迹。目睹此景，我都希望雇来的这帮小伙拒而不受，留给我自己动手打理，可他们喜欢逞强争胜，况且已经上山行动了起来。我只好在一旁盯着，看他们是否靠谱。

那天阳光灿烂，五六只牧羊犬在山坡的草地上嬉戏玩耍，竞逐打斗。一个阔肩黑发的小伙涉入湿地，向我走来。他小臂黝黑，满是汗水，扛着木桩走过灯芯草丛，给那边忙活的工友送去。他一边费力跋涉，一边用闲着的手驱赶叮咬手臂的一只蚊蝇。其他蚊蝇也跟着他上下盘旋，伺机飞落。这种潮湿的地方野草很高，是马蝇，也就是我们所说的牛虻肆虐的天堂。马蝇吸血后，皮肤上就会肿起一个大包。我钻进水中，没及双膝，到刚栽的木桩那边前去迎他。到他身边才发现，身体最壮、抡着大锤的那个小伙站在齐腰之深的脏水里面。他们用的木桩极长，打入水下硬实的泥土，拉紧钢丝就能牢牢地定住围栏。黑发小伙跟我说，他们上山的时候，在小道上看到我家走散的几只绵羊，是两只母羊和三只羔儿。他还说，由于蚊蝇作祟，旁边围栏里还有几只已经不胜其扰，我得留心。

这帮小伙子手头没活的时候，就会带着牧羊犬帮农民赶羊下山。他们也会剪毛，也会在自己的农场干活，他们就是塑造这方原野的那个群体。别看他们腰圆腿粗，一起忙活的时候却会油嘴滑舌。他们相互嘲弄，拿对方的女友说事，揶揄某人求爱不果，又说泡在水里身体最壮的那位竟然吃喝，说什么天黑收工后一起到镇上搞顿肯德基。一位工友跟我说，他就好那泡狗屎。不一会儿天开始下雨，颗颗雨滴晶亮而稠密，在灿烂的阳光下好似成千上万的水银珠儿。我们躲在一棵柳树下面，雨水打着翠如橄榄的柳叶。我们只好等着。

白蜡横舒枝柯，蜻蜓微绿泛蓝，在树下轻捷地穿梭。雨在沼地上泼溅，涡纹斑斑，四向荡开。水下几英寸悬着一条懒散的蝾螈，不顾外面雨水淅沥，四肢耷拉，指爪外展，盯着我们。阵雨过后，小伙子们又钻进水里接着打桩。"看啊"，有人冲我喊了一声。顺着他的手臂看去，伊萨克正在潮湿的山坡上奔跑，双腿刷过地上的野花，跑过卧在草地上反刍的羊群。我一面大声喊叫，让他站在干处等我，一面跑过去迎他。富劳斯却抢先一步，已经扑在他身上。山间小道高低不平，蜿蜒崎岖，从牧场伸向远处的山坡，我跟伊萨克带着塔恩和富劳斯去追跑散的绵羊。羊在山后走散叫人十分头疼，不过，假如还没跑远，现在追回还算不错，以免它们跑回村里钻进园子再惹麻烦。

　　刚登上第一个山包，我们就看见走散的母羊和羊羔沿着小道跑下山去。我打发塔恩到前面拦截。它像子弹那样窜下山坡，追上羊群从侧面包抄。羊折转掉头，向我们跑来。伊萨克打开"顶坡"场的大门，富劳斯将它们赶了进去。它们进场后继续狂奔，跑下山坡，一只棕色的野兔受到惊吓窜出洞穴，逃得无影无踪。兔子喜欢这处开阔的草场，开春就会发疯，成天在草场上往复追逐，直立身子相互打斗。它们在草场产崽，将小兔藏在荆棘和草丛之中。有人走过，它们会卧着一动不动，瞪着大大的红褐色眼睛。

登上这里，山坡显得越发开阔，简直成了一片旷野，唯有偶尔出现的山楂树丛冒过平滑的天际。这片旷野用为牧场，几十年来以相同的方式打理经营。这里不宜耕田种地。夏天，有两只羔儿的母羊留在这里采食，带一只壮实羊羔的母羊则赶回山坡啃食硬质草木。我们身后有几头奶牛，把头伸过相邻草场的大门。那是朋友阿兰的牲畜。他也是本地的一位老者，头脑清楚，跟父亲如出同辙。我们常常隔着围栏谈论羊价和天气，以及在野外见到的花草鸟兽。他对眼前的变化好像颇为难过，他说，我们现在的收入只有他年轻时养羊的四分之一。收入锐减，因而无法精心饲养，根源则是食物售价大幅降低。

尽管这样，我们仍旧依托牲畜在这里维系生计，养殖因而成了一份工作，也是用以支付账目的收入来源。我们放牛牧羊的收益是环保补贴的两三倍，以耗资最高的可行环保补贴相计也是如此。我们的羔羊和牛肉没有补贴，我们的生产方式看似效能低下，其实会保护野花野草和鸟兽鱼虫，以此而论获得补偿当属天经地义。只要一切活动的核心是生产廉价食物，这便是毫无可能的一重奢望。超级市场的肉食价格低得让人不屑一顾，可那原本该是让人心生艳羡的高价商品，纵便因而消费降低也无妨于此。有些英国大众对可在本国持续生产的食物丧失了兴趣，也丢掉了厨艺。多亏亚裔群体依旧烹制食用老羊肉，若非他们，这种肉品便毫无市场,英国农民也不愿饲养。我们的那些山间老农十分清楚尔德节①何时开始,何时结束,因为要想满足祝典的需求,他们就得计算卖羊的时间。

※

小时候,当我开始清楚世界何其荒唐难解,我就认为可以将它完全置诸脑后,可以像藏身茧房那般遁迹于农场。二三十岁我违拗心志入读大学,在更为广阔的世界里营谋生计,其实就是经常盯着电脑干别人吩咐的事情,而在那时,我就渴望一方可以抽身退步的天地,以求通过真切的劳作安身立命。农场让我未曾迷失。

人们渴望"重归田园",就会心生这类遁世念想。生而为人,假如长年累月寄身于办公室的隔间之中,还得漫长乏味地赶乘火车而或挤乘公交上班下班,耕田种地好像成了一种解脱。可我最终明白,身为农夫绝非隐身遁世,反倒每每身为所缚,沦而为奴。一切农事活动无不受制于所处的时代,由不事稼穑的强势群体操控左右。我们好似提线木偶,跟着隐形的拉线或前或后。在某些地方,这些拉线还在决定你如何购物,如何吃饭,如何投票,如是影

---

① 穆斯林节日,为开斋节和古尔邦节的统称。

响隐而不彰却向来如此。五十年前，这些拉线却由超级市场和大型公司掌控，致使绝大多数农民只能生产低价商品，几乎没有发声的权力。我们一面在苦苦挣扎，直接应对由此所致的生态灾难，一面在生产有史以来价格最低的食物。大型公司几乎攫取了所有权力和一切利润，却对民众健康、农耕运行，以及生态现状鲜有关注，面对农业制度的结构性缺陷所致的诸种弊端，一众政客非但不会就此发声，反倒象征性地提供无济于事的援助作为"环保补贴"，用以遮掩制度恶果，好让它维系现状，一仍其旧。

目前，我的农民朋友大致可以分作三种类型。一种已经尝试调整耕作方式，寻觅相宜的位置营谋生计，发愿保护生态，尽心处事。一种乐于转换身份却拙于行动，由金融实体支配摆弄，穷力运作油水肥厚的营生，身为租户债台高筑。最后一种戒心重重，换而言之，仍旧执着于战后的高效耕作模式。他们说，嘴上说说当然轻松。所以，这些农民还在一门心思地满足购买欲求，为市场供应廉价食材。

我们的顶尖农学院校还在大肆加工"锐意进取"的年轻农民，这些粗劣产品因逐利欲念而野心勃勃。学校教他们如何通过新锐手段革新农耕，如何利用科学技术支配自然。事关土地，学校所教的思维方式跟经济学家没有区别，至于耕作传统、居民村落以及生态禁忌，课堂上从来绝口不提。拉切尔·卡尔森也不曾见于这类课程。其他院校和所授课程取向不同，又在批量加工对农耕实践和乡村生活一无所知的青年环保人士。教育沦为独专一门的行当，将青年一代分作各有门户、几难沟通的若许阵营。

去年，有个农学专业的学生来到我家的农场，我带他参观干草料场，介绍野草野花的不同品种，他闻言之际满面困惑又饱含鄙夷，看那样子，我好像来自另一个时代，是个遭受蛊惑的可爱傻瓜。他大言不惭地说，他的导师如若知情，就会让我犁破地皮，除去"杂草"改种新品。农耕绝非逐利行当，他却对此闻所未闻。

谢天谢地，父亲并未打发我去大学学农。他属于传统"学派"，认为农学院校加工的学生对价格了如指掌，对价值一无所知。我记得自己二十出头的时候，以颇为羡慕的口吻谈起朋友家的农场，说他家的好多事情就采用高效技术，父亲的话不多，只是跟我说："别急，沉住气，再等二十五年，看他们还怎么接着走路。"他的话需要时间予以验证，而非短期效益或时风潮流。

今日的农学教育仍旧呈现一边倒的趋势，完全执着于变易革新和所谓"突破"，而不会教授持续发展和长久之道。

从现代化的立场而言，前往我家干草料场的那个学生没什么错误。依照流行的农耕经济理论，现在耕田种地，恪守持续发展之道就几乎没有利润可言。为保护自然而从事农耕，无异于经济方面自取灭亡。高效农业已经提供了廉价的鸡肉和猪肉，如若不计成本生产养殖，人们就会觉得你不合时宜，不知何谓超市货架。

为了很好地打理田野，我只能无视这份账目，也希望终有一天，其他人能够尽早回归常识。当然，仅是如此还不足以让农业制度趋于健全。要想提高收入以便妥善打理土地，只能离开农场另觅出路，若能如愿我会采取行动，几年前我就做出了决定。如果迫不得已迎合时流，在农场之外赚点口粮，并没有什么新鲜套路可言。我当然清楚，过于高傲，过于执拗，过于倔强，我们就无路可走。我们还得另学招数。然而，我绝不会照搬工业化耕作的习见套路而毁掉农场，我早就明白那是一场浩劫。就此而论，我跟父亲一样倔强。

伊萨克跟我沿着小道走下山坡，在树篱上发现了羊群逃跑的洞眼。棘枝尖刺上挂着缕缕羊毛，说明情况不妙。只要围栏、树篱和界墙打理完好，就能使羊待在指定的地方而没法乱跑,当然绵羊也自有主张。我把逸出的枝条塞进树篱,另一侧塞得更紧,好让细枝盘错,嫩条勾连。伊萨克还不放心,我又填塞抽拉了一番,使整道树篱更加密实。

我家农场的地块各不相同,所以将母羊和羊羔分作三群。我们让羊群轮转采食,好留间歇让牧草生长。我带着伊萨克走过草场,塔恩和富劳斯跟在后面。燕子在身边俯冲而过,紧贴草皮捕食我们惊起的昆虫。伊萨克一边小跑紧紧跟着,一边说这些燕子好似《星球大战》中的"X翼战机"。看到我们走来,母羊和羊羔有时抬起头来,有时退后几步,不过很多时候熟悉我们而毫无反应。走过草场,泥土在皮靴下方微微上弹(优质土壤向来如此),要想领会这种感觉,除却步行别无良法。

我跟伊萨克解释,我们必须明确牧养方式、牧养时段,以及采牧的畜种,也得考虑让牲畜在围场上轮番采食还是定点牧养。采食该到何种程度,该留多少牧草,该让草场恢复多久?是像老农那样留足时间,让牧草郁郁葱葱,长到三英寸,还是留时更久,比如三四十天甚至更多,好让兰草野花绽放结籽?现在,我们正在努力通过放牧增加生物品种,培育正常土壤,生产方式跟过去自然不同。因此,休牧的间歇需要更长,采牧的畜种需要更多。时间一久,羊群就会吃厌长秆老草,转而喜欢鲜嫩的短草,逃往小路的那几只就是这种情况，所以我们得建好围栏，修整树篱，以防它乱跑。

类似的考量至关重要。这块田野的土地可以肥沃丰腴还是板结贫瘠，野花、昆虫、鸟雀和树木的有无多寡，树篱密实还是松散，溪流湿地是该蜿蜒曲折还是笔直单一，如是一切无不与此紧密相关。如果综合考量，相辅为用，这些选择就会决定我们的田野面貌，决定它是否为自然，乃至为生息于此的人类留有空间。这些考虑十分具体，除却独立封闭的农耕世界，很少有人谈论交流，理解关注。

天宇蔚蓝，一只老鹰在我们的头顶往复盘旋，呼唤伴侣。伊萨克抬头张望，但见它御风而去，飞向远方的山坡，飞到我家那群牛犊的上方。小牛正在低头吃草，可以认出其中七头，也知道它们都很正常，所以不必走近照看。我们重新养牛已有五年，大概二十年前，由于口蹄疫暴发，有个警察手持步枪射杀了父母的牛群。再度养牛且饲育成群乐趣良多，比如物色购买合适的母牛，慢慢了解其状况和习性，目睹小牛如何出生又如何成长。父亲如果在世也会十分高兴，养牛他是行家，我没法相比，可惜再也听不到他的教诲和指点。

我们要养的是加洛韦花牛,这种牛黑毛卷曲,腰腹有个宽大的白圈,来自苏格兰的索尔威湾对面。那个白圈相当醒目,即使在一英里之外也能看得一清二楚。我们的山间曾经实行多样化生产,养牛是不可或缺的一个环节。近三十年来,由于高度分工和单一运作,牛越来越少,最终彻底消失不见。可我希望自己的孩子能在牛群中长大,也希望他们知道母牛采食的不同习性,这对我们新置的林间草场与河流两岸相当重要。

我们前去拜会一位颇有声望的育种专家,在她的母牛中间物色打量。汤姆骑着我的脖子,母牛好奇地围在我们身旁,专家一边摩挲牛背,一边跟孩子们谈起每头牛的名字和故事。一头硕大的公牛在牛群间穿梭,嗅着母牛后体,像草原上的野牛那般声声吼叫,扬起尘土。汤姆吓得攥紧小手,揪着我的一缕头发。但这头公牛不会伤人,它可是去年秋天道格拉斯堡精品展会的明星。

我有一种强烈的感觉,这位专家不忍割爱,但身为农民她还得出手。她指给两头有胎的年幼母牛供我挑选,牛十分漂亮,要价也高得离奇。事情相当清楚,除非谈拢价格,不然两头母牛还会留在那里。我们回家后两手空空,微感沮丧，也就此明白，养牛育群没法一蹴而就，耗资也会远逾所期。可你总不能拿劣质母种繁衍成群。所以，过了三个星期，我们又致电专家，买定其中一头赶回家里。次年一月，它就生下第一代牛犊，我们取名"幽谷百合一号"。

※

我都忘了自己有多爱牛，有多喜欢它们依群抱团的生性、友善温厚的情性，以及始终咀嚼的习性，也忘了它们曾在本地占据何等重要的位置。我家的加洛韦花牛自然十分适应这块北方的原野。这种牛墩实矮壮，周身多毛，头部短平，腰腹滚圆。冬日它们身披两层衣装，头上卷毛相覆，不惧酷烈阴湿的冬寒。漫长的育种选择与进化挑战成就了这一作品，使它像钉子那般坚韧强悍。这种牛不需要别出心裁的圈舍和装备，遇到糟透的天气，一抱干草就能了事。它们冬天也会掉膘，可是仍旧肌肉健壮，不像现代品种天寒地冻就会立刻"垮掉"。即使面临空前严峻的挑战，它们也知道如何觅得足够的食物。

加洛韦花牛会啃光丛草，也会用蹄痕播撒兰草那类植物，由此成就了这片原野，所用方式让我眼界大开。这种牛也像绵羊那样斑斑块块地采食，习性相同却范围更广，那就意味着在春夏这种关键时节，它们未曾涉足的地方就会草木长高，开花结籽，而在其他地方，它们啃短牧草又会让喜光植物正常生长。杓鹬这类鸟雀惯于平地筑巢，就喜欢在这种草木混杂的地方栖居生息，所以，在牛群采食的牧场上总会见到它们垒筑小巢。假如没有牛群，豪横霸道的牧草就会得势，让矮小、纤弱和稀见的植物没了空间。牛群整夏采食的牧场上飞蛾腾涌，蝴蝶成群，既有蚂蚱放歌，又有啄食蚂蚱的鸣禽吟唱。七月，兰叶在草丛间奋身拔节。牛群前往哪里饮水，蜉蝣便在哪里飞舞。燕子矫捷如箭，掠食牛粪四周的蚊蝇。蠕虫、甲虫、蛆虫和各色幼虫在牛粪里熙熙攘攘，秃鼻乌鸦一边翻腾刨食，一边把肥料撒向草场。

我家的有些草场专供羊群采食，此刻，我们脚下的这块草场便是如此。这里牧草丛生，野花遍地，近乎五十个品种，任凭羊群倾巢采食，就算啃为短茎仍旧一派欣欣向荣。云雀和草鹨这类鸟儿钟情于羊群啃过的草场，娇小的燕隼便会飞临捕食，每年我总会目睹两三场逐猎的景观。所以，切莫认为牛好而羊差，农场之为各色物类的栖息天地，就该像马赛克那般绚丽多姿。如此说来，我们所养的禽畜既能让田野生气勃勃，也会使它满目衰零。较之集约管理、作物单一的任何农场，用以采牧的草场之上栖息繁衍的生物数量更多，品类更杂。

伊萨克跟我开始回家。我的膝盖以下早已湿透，而他只有上半身还算干爽。草场上鼹鼠所留的小土堆三三两两，我们一路磕磕绊绊，尘土在草叶间纷纷扬扬。

※

草木和土壤均为活物，可是，让人愕然的是，几百年来，农民对它们的生物特征所知甚少。土壤无非耕种庄稼的地方，无非草皮之下的东西，本身没有什么重要意义可言。我们觉得它天经地义，本该如此。我们知道它有个pH指标，却不知道它是富于活力的生态系统。如果说我们对土壤有所思考，也仅仅限于如是斟酌：是否已经耙得匀细可以播种，该不该撒点石灰或追施化肥。假如你询问我的祖父和父亲，或者问我，土壤到底是什么东西，其中的微生物在如何运作，你也会看到一脸茫然。

最近两年，伊萨克跟我从一位教授"再生农业"的朋友那里学了关于土壤的知识。她来到农场，给我们讲授基本常识。她用铁锹挖出几块六英寸见方的土壤，让我们数数里面各有多少蛆虫。蛆虫的多寡便能说明土壤的肥瘠，我们因此讨论过去耕田种地如何造成了如许差异。她又将一个塑料圈按进土里注水演示，较之贫瘠的土壤，肥土蓄水更多也渗水更快。我对光合作用一无所知，她并未在意，反倒耐心地予以解释，草木如果叶片簇密，扎根较深，则比始终啃短要长得更好。

因她讲解，我们得以明白，有机土壤是食物链的始基，是农场生物不可替代的栖居之地，而归根结底，所有农耕均为"养殖"，因为不论在地上种植庄稼还是放牧牛羊，我们都在开发利用地上和地下的无数生灵。世间超过一半的生物居于泥土之中。那是一个自满自足的世界，各种藻类、细菌、真菌、线虫、象鼻虫、原生动物，以及我不敢自诩了解的许多动物寄居此间，与草木的根系结成了各色各类的奇妙关联。一把沃土所含的细菌就超过地球的人类总和，遑论还有不可计数的其他微小生物。若论土壤，我家农场跟已然开垦并加以"改良"的耕地不同，永远覆有一层牧草和野花，密密实实，品种各异，这一讯息让人欣然，由此可知它绝对不会彻底暴露于阳光风雨，也就不会受热、流失，或者吹走。在有些地方，植物扎根达三英尺之深，既能固结土壤，又是输送营养的通道。

我们现在明白，维系土壤活力的秘诀在于效仿野生的食草动物，像它们那样突然出现，群聚吃草，这样就能踩踏草皮，同时留下粪便、尿汁和唾液。踩毁草叶看似破坏，实则却为土壤输入了生机。食粪甲虫、各种蠕虫和其他难计其数的各色生物会接踵而至，将草叶和食草动物的粪便（亦为高度浓缩和部分消化的植物）带回土壤。一场盛宴继而开张，那是以土壤为料的摄食狂欢，我们可以锦上添花，只需多栽树木，广植树篱，使落叶腐木留在地上。上述因素相辅为用，成了土壤形成的关键因素，新土会随着时间流逝最终诞生，且将碳素留在地下。目前，我们的农场土壤没有流失之虞和侵蚀风险，地下的那个生态系统活力四射，不会受到化肥的破坏和耕犁的滋扰。四年前，我便展开试验，以这种方式打理两块草场，鸟雀终日在此觅食，说明一切运行如常。土壤可谓生态系统的基础。

可惜，单凭牧业无法满足人类的所有摄食需求。耕犁及其逐年成就的庄稼，比如玉米、小麦、大麦、大豆、高粱、木薯、土豆和稻谷，为绝大部分人提供了食物。可是我们得悉，近三十年来，耕犁导致了生态灾难：破坏土壤的微生物系统，让土壤升温或是变冷（由于清除地表植被，使之一无遮蔽），灭杀细菌和微生物，致使风吹雨淋，大幅侵蚀而难以为继。如是讯息令人沮丧，可惜好多农民无从得知。局面已经混乱不堪，何况化肥和农药毁灭了好多土壤生物，农民，或曰人类，面临的棘手问题已经迫在眉睫。耕犁（以及战后的化工产品）成就了人类文明，却又成了问题的根源。所以，我们必须另觅耕作之道，以求兼顾生产效率且能尊重自然，和谐共处，这意味着调整既有的耕作方式，反思我们倚重的各类工具。

不用耕犁也能种出庄稼，地上钻孔直接下种，对土壤的影响便会降到最低（谓之"免垦种植"）。可是，这样操作也有问题，不用耕犁，如何根除收割残茎以便来年种植，不用农药，又如何杜绝宿根再生，杂草滋蔓？或许，有朝一日，人类将会培育出多年生的作物品种，这样就能省掉犁耕（颇有机敏人士在着手此事，不过并非探索的主流）。即便如此，不用化肥又如何提高土壤肥力？

在好多地方，解决这些难题的方案就是恢复混合轮作和牲畜牧养。不用撒施化肥，牲畜和苜蓿豆类这种覆土作物就能滋养土壤，恢复地力。庄稼收割后，让牛羊成群进地啃食残茎，往复踩踏，最终可使地皮僵实，抑制宿根。农田一面休耕复荒，一面让牛羊采食杂草。事实证明，要想弃用耕犁或尽量少用，古老的耕作之道在好多时候依然有效。为了使肥力耗竭的耕地再现生机，丰腴肥沃，人们在探索屡试不爽的"新型技术"，而颇为讽刺的是，最佳方案居然是利用牛羊。自古以来，人们都将山区用为山下牲畜的育种场所，原因便在这里。要想依凭草木发展农耕，就得大量饲喂牛羊，在不堪其用的边角地带放手饲养可谓明智之举。

❦

回家后，海伦就把我们收拾了一通，说我们弄得浑身湿透不说，还直接进屋搞得一片狼藉。汤姆进门前就丢了手里的松果，可已经晚了。伊萨克脱得只剩内衣，赶紧上楼更换衣服。"自己把衣服洗了！"海伦冲我喊。我脱了袜子，坐着最破的那把椅子。厨房里香气袭人。海伦做了一只鸡，还有韭菜馅饼和土豆。我跟她说起修补围栏，也提到早上做的其他事情，她似乎听着却在敷衍，其实还在自己忙活：灶台上放着邮件，还有摊开的各种票据。她的笔记本电脑开着。早上一直在核对我们的用药记录，下个星期有关部门要来检查。临时处理的事情实在太多，如果没她，家里和农场就会乱套。将她撇在家里，不但要照看四个孩子，还有数不胜数的杂事需要操心，有时候，看她那样子，真想掐住我的脖子，或是冲我厉声尖叫。有时候，看到孩子们在田间河畔玩耍嬉闹，或是在羊圈牛棚里搭手帮忙，她又会满面微笑，似乎也热爱我们的这种生活。海伦饱含热情，每天都在为家人打拼。她只要醒着就会操心农场，操持家务，多亏她如此辛劳，我才能一心一意地出门干活。她在默默付出，把一切打理得井井有条。我有时会崩溃散架，她却始终强悍如一。

我可不敢说自己擅长农事。农场事务千头万绪，简直让人喘不过气来。我做事向来丢三落四，更别说做得称心如意。我经常要同时支付各类账单，还经常会把事情搞错。经营农场几乎没法赚钱，即便有所收入也会全部砸到里面。我担心破产，生怕搞得分崩离析。现在我才明白，父亲何以有时显得垂头丧气。手头的活计尚未处理明白，下一个月又会冒出好多需要应付。修补围栏，垒筑界墙，修剪树篱，诊治所有染病的绵羊，做好一切才能使羊群越来越好，事情多得两辈子才能干完。植树造林，培育荒地耗资不菲，可我手头没钱。我还想育养规模更大、血统纯正的牛群和举世无双的羊群，可那需要投入的资金更多。事情相当清楚，经营农场会让你无暇旁顾，会让你倾尽所有，会让你消耗一空又继续投入。除此之外，那还是让你谦逊处事的一场磨砺，因为只身打拼无济于事。

经营农场教训良多，让我感触最深的则是，身为农民，仅凭豪气单打独斗有点纵逞男子气概的浪漫意味。经管好一家农场需要全村通力协作。好多农活需要妇女完成。我的妻子，我的母亲，我的祖母，都在为耕田种地费心操劳，不但一切活动要围绕农场展开，还得看男人在农场遇挫的各种脸色。然而，我们的农场不只掺和了全家，还得依靠好多外人，他们知道怎么以传统方式经营农场，也会用老旧工具修整树篱，打理林地，栽植树木且使茁壮成长。有些男人和妇女了解牛羊，精于饲养，我会请教他们何时倒场又如何进行，怎么饲养才能让牲畜健壮强悍，才能适应本地的风土气候。较之既往，我越发倚重这个手艺精熟、虑事周全的务农群体。

我也最终明白，我们还需要研究自然的专家小团队出手相助，以使我们在重建乡村的过程中发挥自身的作用。客观而言，农民对农田生态的认识相当有限。着手之初情知自己一无所用也一无所知，便会瑟缩畏怯，措手为难。身为农民需要强悍敏锐，当初我就担心自己不堪其事。不过，随着交流日频，受助渐多，我家的农场越来越成了一个耕作社团。现在，有好些生态专家在我家的农场上据有一席之地，有些来自政府部门，有些是热心相助的友人，还有几位付费请来，帮我们了解既有资源并其利害。知识在不断积累，我们对田野和山谷的认识也在不断变迁。新旧知识交相为用，耕田种地成了让人无比兴奋的事业，既往的付出也有了回报。学习凡有收获，生活就会越发丰富多彩。跟别人谈论农场越多，就好像觉得它越发重要。我不再与世隔绝，独来独往。

二十世纪八十和九十年代，由于水土流失，人们无事可干离乡而去，田野上显得冷清而寂寥。现在，这里又忙了起来。山谷渐渐重现生机，人们又开始行动，而且从事技艺精湛的工作。始终有人来到农场，或是工作，或是学习，或是帮忙。乡村复兴并非毁弃历史风貌和传统生活，这是起码的处事底线。我们要建构新旧兼容、富于活力的新型乡村。

还有学校来到我家的农场，将田野用为教室，让学生认识农耕，了解食物，熟悉自然。孩子们观察羊羔出生，手指轻抚羊毛，追溯食物如何从田野呈之刀叉，目睹此景诚属一桩乐事。他们手持培养皿，瞪大双眼，盯着从小河中舀入的石蚕蛾幼虫，也在枯木上搜寻潮虫。他们进入荒野，在草木中翻腾青蛙和蟾蜍，又在草场上往复飞奔，统计野花的数目和种类。孩子们搭手培植树篱，插柳河畔。野外天开地阔，课间任由放飞，他们四处乱窜，四处喊叫，田野上一派无拘无束的欢欣和释然。

一天，有个远方小镇的学校来农场授课，我们得悉班上有个小男孩在家里遭受虐待。他沉默寡言，脸色像混凝土那般灰暗无光，大人走近便会浑身发抖。牛圈旁的草地上有个高可及腰的便携鸡笼，午餐时间，老师和我带他去收蛋。我们一路轻声细语，说起院子里到处咯咯咕咕的母鸡，说它们如何钻进栖格卧在干草上下蛋。他伸手拿出热突突的鸡蛋，瞬乎之间，脸上满是单纯的喜悦。一天下来，他的面颊似乎重显血色，也开始张嘴说话，多少有了一点自信。他爱看牧羊犬经管羊群。临行话别，他微微一笑，这张笑靥应该发自肺腑。老师说，孩子当天十分开心，许久以来不曾这般快乐。他走了之后，我哭了一场，又是无奈，又是难过。

午餐过后,两个女儿跟我一起出门,她们得前往小路,帮我把一群羊赶进圈里。有些羊羔背上脏了,需要除虫。这群羊在村庄那边的山上吃草,那是好久以前从公地划拨的一处粗放草场。莫莉留在小路岔口,坐在草地上晒太阳。蓓雅跟我沿着公路继续上山,我从草场赶羊的时候她在路上拦车。我们在路上赶羊下山,五只牧羊犬也跟在后面。羊群刚到,莫莉就吆喝它们折转方向,进入小路,我们便穿过柳荫一起回家。姐俩跟着羊群,手里甩着从树篱上揪扯的白蜡嫩枝。

"那是啥树?"我问。

"花楸呀……这还用问。"两人回答。

"这是谁家的地?"

"彼得·莱特富特。"

"你们觉得赫德维克公羊怎么样?"

"还行。但你可能觉得毛色有点白了,爸爸。"

姐俩熟悉农场事务,因而颇为自得,她们自小就跟我参加展销,一起卖羊。

我试着把学到的东西教给孩子们，比如怎么"看羊"，怎么认出那是谁家养的，怎么看几秒就知道羊的优劣。他们熟悉自家和周边羊群的种类和特征，而他们也有各自的羊儿。两年前的冬天，莫莉的那只老母羊死了。由于她在育羔期间给我搭手，所以我让她另挑一只小母羊。当时，圈里有一百多只绵羊，在很多人眼中它们都一模一样。几分钟后，她便挑出了最好的那只，出圈之际，冲我抛来少年特有的潇洒一笑。她清楚那只羊最好，那可是我不愿割舍的爱物，还好损失不算太大，因为她懂得挑羊反倒让我相当自豪——好多牧人都没有如此犀利的眼光。

汤姆出生的时候，为了给他育群，我花五百英镑，从邻家的竞争对手简·威尔逊那里买了一只母羔。威尔逊给他写了张贺卡，希望他长大后带着这只母羊的羔儿参加展会将我击败。她又退还二十英镑作为"福钱"，祝愿汤姆健康成长。再过几年，他准会带着自己的羊儿亮相展会，跟两个姐姐一样出色，与绝大多数牧人争锋抗衡。

除了劳作技艺，我还想让孩子们明白，这片山谷充满天趣，让恪守传统的农民打理得参差有致，在这里生活是莫大的福气。他们可不能像我小时候那样，应该清楚古老的天际之外有一幅更为壮丽的画卷，应该从更为深远的角度理解家中的农场。他们还该清楚，任何农场都不是孤岛，其实从属于一片山谷，一方池沼，一个相与关联的世界，一个更为广阔的生态系统。牧场上蛾子纷飞，我告诉他们，羊群踢踏驱赶的小黑蝶叫烟囱清扫工，碎斑点缀便是眼蝶，褐斑较大、翅缘泛红则是褐蝶。我指给他们，草皮之上高仅一寸、蓝如薰衣草的叫夏枯草，黄花细碎、花形朴素的是委陵草，爬满潮湿的橡树树干的则是苔藓。穿过大门走进牧场，我拿起一块好似干爽纸浆的牛粪，两个女儿盯着我一脸困惑。掰开牛粪，上面洞眼遍布，生机奔腾：蚜蟥一身灰色，肥胖臃肿，小小的甲虫或周身油黑，或蓝似宝石，在阳光下熠熠生辉。

母羊低头摆耳,在躲避上方滋扰的蚊蝇。羊群由老母羊带头,羊羔一路小跑,跟在后面。牧羊犬吊着舌头,在忽左忽右地驱赶羊群。我想跟孩子们解释自己何以在乎牛粪,在乎甲虫,也在乎泥炭湿地,以及细菌和蛆虫。我想让他们明白,数千年前,这片山谷纯任自然,一派野趣,我们倾力而为,乃是为了复现那时的生态面貌和自然进程,这关乎农场的未来和前途。

"可是,以前这里是什么样子?"莫莉问我。

说实话,直到现在,我都不知道这里以前是个什么样子。看祖父的行止举动,我们的山谷似乎从来如此也会永远如此。然而,生态学者告诉我们,以前这里林木茂密,物种繁多,既有我从未见过的秧鸡、臭鼬、松貂、猞猁、野猪、野牛、河狸、熊和狼,也有彻底灭绝的猛犸象、犀牛、沼鹿和穴狮。只因缺乏文字描述和图片影像,过去的情状无从拟想,生态学家便无法断定如是一切到底在怎样运行。有人觉得,这里原来大树参天,幽深浓密,好似欧洲童话《小红帽》描绘的场景,不过越来越多的证据表明,这种观点纵非有违事实,亦属过度简化。其实,人类寄居其间,出手改造已有几万,乃至几十万年之久。在最后一个冰河世纪之前,森林尚未覆盖山谷,我们便来到这里狩猎采集,像今日依旧身居北方的族群那样,在田野上奔突驱驰,猎逐成群的驯鹿和其他食草动物。

因为我们现在任由森林生长而未加干预，有人便以此为据，觉得这里曾经林木蔽野，殊不知史前时代的可能情形是猛兽逡巡逐猎，成群的食草动物在四处躲藏。原始天地尽是生态专家所谓的"冲击"和"动荡"。大大小小的食草动物在森林灌木间啃食践踏，空地和草原便因之出现。我们惯于认为动物栖居某地便会滞留不去，其实，由于奔走采食、风暴肆虐、疾病发作，兼以山崩地裂、踩踏枯败、死亡衰朽，它们始终迫于无奈，游走不定。当然，上述现象也不可或缺，因为它们都会营造独一无二的相宜环境。生态系统只要健全完好，就会永远充满活力。真正的原始天地绝非温软雅秀的英格兰森林。那里芜杂不堪，三大栖息环境，亦即林地、灌木丛和草场，始终在轮番转换，在新生、成长和衰亡之间递相变迁，周而复始。

莫莉说，如此看来，原始世界多少像我们最近所看的一部关于塞伦盖蒂的纪录片。我觉得她所言不差。利用本地物种，济以乡间居民的劳作技能，我们恪守传统从事农耕，也能逐步再现轮番转换的栖息环境。方之过去，今日的草原牧场相当于林间空地，牛羊或游走吃草或成片采食，我们驱赶牲畜走过的树篱好似簇密的灌木，其间鸟雀遍布，在它们看来那就是林地边缘的榛莽。广植柳林，多栽树篱，让河流池沼恢复旧貌，如果这些重要的栖息之地和天然场景越来越多，一度消失的物种也将再度回归。颇具讽刺意味的是，在欧洲诸国，若论对野生动物最为相宜的农田牧场，竟然是在罗马尼亚和匈牙利这种发展水平最低，或者说极端"落后"的地方。

※

我们赶着羊群，前面是条小溪。羊聚在溪边犹豫不前，最后，有一只在最窄处一跃而过，别的羊这才跟在后面跳过溪水。我们很快便折转进门，走进围场。莫莉和蓓雅逮出弄脏的几只，然后紧紧抓住，让我剪去背部的秽物。一只羊羔有块湿斑沾了蛆虫，我们弹掉之后涂上了除虫油剂。羊羔抖了抖身子，似乎轻松了不少。半个小时就顺利完工。我们把羊群赶出围场，走过上方的牧场前往新场。一只红尾鸲轻拍双翼，在羊群前方一路伴行。又是一只，又来了一只，最后共有五枚鲜红的羽尾跟羊群辗转相随，从一束荆棘飞往下一束荆棘。它们翅膀一扇便会亮出尾羽，那抹亮丽好似桃花心木斫成的三角形楔子。羊群过处，空中弥漫着浓郁的薄荷芬芳。它们一会儿便进了新场，有些开始低头吃草，有些还在抬头呼唤羔儿。我让女儿们先行回家，陡峻的山坡上野花遍地，白色、粉色和黄色，两人开始赛跑下山，还没听见我大声道谢便已冲出老远。我得重返围场看看母牛和牛犊，免得发生什么意外。

此刻的草场跟黎明时分迥然不同。牧场的景观千变万化，气象各异。现在，我才明白如何以相宜的角度认识草场，并且为之心生自豪。了解牛羊之外，我又另添一笔财富。此前我只是在欣赏那道田野美景，领略富丽斑斓的色彩律动，对各色各样的野生物类却视而不见，无动于衷。祖父曾经教我认识牧草，却从未提及野花。祖母和母亲经常说起美丽无比的牧场花儿，却每每拿不准这些花叫什么名字，老是说要拉开电话桌的抽屉，查阅那本《英国野花名录》。

父亲去世后几个月，我才知道自己对家乡山谷的认识何其有限，因而出资请一位植物学家来了一番专业调查。他走进我家最好的干草料场仅有几秒，我便发现他的观察方式让人眼界大开。他在手中摊开采集的野花一一讲解，因我兴致盎然而十分高兴。一两个小时便有了结论，我家的草场远比想象之中境况要好，物种要多。我们的田野尚未彻底遭殃，出手整治为时不晚。这位专家还发现了若干稀见品种，这些花草他以前难得经眼，也没有料到会出现在这里，得他查阅资料才能确定。第一天结束后，他被太阳灼伤却热情不减。仅是在第一块草场，他记录在册的品种就超过九十,与之相较,集约化种植的现代草场却只有四五个品种,有些甚至仅有一种。他指出我此前从未注意的几种野草并细数来历,比如北极小米草、眯眼小米草和美洲天胡荽。至于我经常看见却始终一无所知的草木,他都说出了名字,那是老鹳草、沼委陵、忧郁蓟、知更草、风铃草、跳蚤莎和沼狗舌。他在农场上发现的草木品种将近两百种之多,有些已经入列濒危名单。他还发现有六种重要的花草不见于我家的草场,所以我们着手行动,用六千五百个小小的格盘引入幼苗,每株都用手工栽培。

专家教我的其他东西也不容忽视,他说,切莫将"自然"仅仅理解为农田四周的区域,以及草场边角的蓬草榛莽,它其实也在农田之中,见于土壤也见于牧草。稀有草木固然令人称奇,但我们也需要大量的常见植物。较之河狸打造的草甸,或是野牛采食的林间空地,生有二十来种野草野花的牧场虽然称不上原始生态,却并非意味着一无所是。就保护自然而论,其物种之丰富,条件之良好,远非不见一株野花的青储料田可以相比。有些长势很好的习见植物,比如紫花苜蓿、白花苜蓿,以及雏菊和毛茛,就可以为蜜蜂一类的昆虫提供充沛的食物。

有人觉得,田野若非纯粹抛荒,就该彻底耕为土壤贫瘠的高效农田,这种看法草率不智,是违背事实、不计后果的简化论调。设若我们罔顾一切,以非白即黑的态度看待世界，认为"耕作"有害而"自然"可取，则会无视根本差异，也会忽略细微区别。在我们眼中，所有农民不是圣人便是恶棍。我们无视农业生产的复杂现状，其实在善恶之间还有广阔的天地，还有可供善待自然的耕作空间。有些农耕革新虽然极为温和，达到一定程度却有天翻地覆的效应。不管采用何种耕作模式，总有办法微施举措重归天然。个中道理一如边际农业，尽管它步步为营，在过去五十年里将自然因素挤出了我们的农田，这一过程仍旧可以逆向为之。

　　我种田养殖无意获奖，也赚不到多少钱财。不计后果的农场大言不惭，以"供养众生"傲然自许，这方面我虽有贡献却也有限。有些农民追求高度集约化和工业化，在他们眼中，我们的耕作方式好似一味怀旧的痴心妄想。他们自有选择，会以更加低廉的价格提供丰富的食物。世间的农场不会也不必跟我们完全相同，事实本来如此。要想食物供应充满活力又富于弹性，就得有各种各样的农民。丰富多样是农业生产的生机所在，万事万物莫不如此。可是，就算农耕模式千差万别，也应该有所调整，规避侵害，以求最大限度地保护自然。

现在行将傍晚，南向的山坡上日影越来越长。牛犊状况很好，奶水充足，母牛不厌其烦，给它舔了一身的毛卷。走过农场，看它越来越好，我十分高兴。我的原则相当简单，处身农场，不论站在何处，距类型相异的重要栖息场地都不能超过三百码。我希望农场上到处是鸟鸣，到处是昆虫，到处是动物，到处是美丽的花草树木。农耕应当完全依赖阳光，而不要指望化石燃料。我使用的农药、化肥和外购饲料越来越少。我几乎不用任何杀虫药剂，并希望很快就能彻底杜绝。现在，我们已经脱离了电网，利用太阳能板就能满足需求，下一步则是小型水电或风电。最近我们接受了碳排放检测，结果表明，我们的捕集总量远超消耗或排放总量，而我觉得我们还有提升空间。

上述任何举措跟饲喂成群的牛羊毫不冲突。购置化肥、农药、燃料、饲料和各类农机不但耗资不菲，反倒成了所有弊害的直接根源。生产食物而将人工干预降到最低，这才是我们中意的农耕模式，而且正在为此努力。让人无奈的是，如果厉行此道，则急需用钱的时候只能离开农场另觅出路。这些附加举措和思路纯粹基于兴趣，对我耕田种地的初衷和定位毫无影响。

若论实效，我们的农耕生活已经有了点昔日的风貌，那是流汗流血的艰辛劳作。我们再度遵从节令，亲力亲为，一切都要亲临现场，目睹其事，十指沾泥。这当然不是闲适生活的什么秘方。过去的农民极端辛苦，无力自主，只能永远保持警醒。农耕是个吃苦耐劳的古老行业，跟减少劳作又增加产量的任何经济原则都格格不入。身为农民，不能挖空心思地减少操弄土地的时间。我们应该永远身在农田，熟悉节奏，把握进程，善加利用，要尽可能地动用双手，照管经营。

尝试新的农耕生活，自然意味着削弱自身，掌控乏力。我们再度出手，跟大自然展开那场由来已久的争斗，好多时候，战败的一方总是我们。去年冬天，我曾经想办法尽量减少牲畜所用的药物和抗生素，结果暮春时节暴雪来袭，羊群突然发病，根本无力抵抗暴风和酷寒。我哪里知道它们已经染上了肝蛭，这种蠕虫在发育阶段会将蜗牛作为宿主，绵羊随同青草一并吃下，肠道和肝脏便会发病。染病过程无影无形，其实整个冬天情况已然相当严峻，何况羊在那时又瘦弱乏力，一番挣扎便感染肺部，好几只就此发病最终死去。我也清楚，假如当初使用强效药剂杀灭肝蛭，恐怕不至于到这种地步。有时候无视常规似乎显得幼稚天真，也会付出惨重的代价。如果去年的情况没有如此严重，我自然会十分轻松地听之任之，何况孩子生病你肯定会用最好的药品，我对所养的牲畜也是这种态度。不过，往后我会设法调整，仅仅饲养那些适应本地条件的本土品种，并且优选优育，尽量少用化学制品和各类药剂。

※

父亲去世前几个月反复叮嘱，让我务必不要跟社会较劲。他在生命的最后十五年变得通透豁达，一改往昔的处事态度（或是从来如此而我不以为然）。他发现，有时候抽身退步歇息片刻，另觅思路做点更有回报、更有意义的事情未尝不可，承认自己有所不知，甚或以前可能有错也相当可取。在父亲所留的遗产之中，这种务实态度可能是最为管用的一笔财富。他跟祖父未曾做过我目前着手的事情，在那个时代指望他们也不太现实。他们见识敏锐，辛勤劳作，当然让我心存敬意，可我并没有像信教那般模仿他们的一举一动。他们跟自己生活劳作的那个时代同步同趋，我当然也是如此。

※

我花了好长时间才认可了露西保护河流的全套计划。有条小河流经我家最好的干草料场，依照她的宏伟构想，应该将它改入一百来码之外的天然河道，以便再造水塘，另添湿地。在我看来，这样不但占地太多，毁掉草场，而且会让以往的付出化为乌有。所以我起初没有答应，跟她商量规模较小的替代方案。可是这几年我对天然河流所知渐多，觉得应该任其自然，不加干预，所以最后改变了主意。我征求海伦跟孩子们的意见，他们都说这事没错应该行动。

今年夏天工程上马，一家本地的建筑公司委派三名工人来到农场，配备挖掘机、翻斗车和各种器械。他们对动用器械将牧场搞"坏"有点不解，认为只有念过大学、神经错乱的那帮人才能想出这种点子。不过他们干劲十足地投入了工作，挖好若干洼地和水塘，又开出一条蜿蜒曲折的河道（以卫星信息模拟的洪水路径），然后填埋了以前的那条笔直水道。河流改道就此完工，看到亲手打造的水塘洼地比规划方案还要带劲，他们这才神气十足。新开河道最终还要围上栅栏，以备牛群偶尔吃草，栅栏之外则放牧小羊，这样，新生的羊羔就不会钻进河水出事。

我们打算沿河植柳，并在两岸栽上桤木和榛树。海伦说我是在"为河狸备餐"，我们还未老去，那些遍身皮毛的河工就会重返故地，啃光树苗。事情究竟如何，时间自会说明一切。我也曾想过，把河狸招惹回来是不是疯了，不过我还是改变了主意。情况了解得越多，我就越发坚定，越想让河狸在家乡的山谷打理正宗的湿地，免得有朝一日得我自己动用斧子和铁锹。小河的天然意味更加浓郁，我的牛羊可以在沿岸逡巡往来，游走吃草。

我接受了父亲的教诲，条件成熟就随时调整，捕捉良机。我的本分是耕地种田，根本无须计较那些微不足道的细枝末节。

✾

我们吃过晚饭，走出家门，母羊和羊羔彼此召唤的声音在山谷间此起彼伏。我带上汤姆和伊萨克，去训练最小的牧羊犬拜斯和尼尔。刚打开圈门，两只小狗便蹿到料仓前方，迫不及待地蹦蹦跳跳，拿鼻子蹭着我们不停地讨好。伊萨克只能大声呵斥，出手驱赶，好让它们知道规矩。汤姆骑着四轮车，狗从后面蹿上车子，他便双膝夹紧油箱，猫着腰身向前躲闪。我们走下小路，拜斯和尼尔便冲了出去，一边赛跑一边打斗，滚下刺蓟之间的斜坡。

伊萨克十分友善聪慧，做事又非常上心，是个父亲都巴望有这样的孩子。他是个书虫，一边走路一边跟我讲看过的北欧神话。他对农耕满怀憧憬，让我又是骄傲，又是期待，又是心疼。我之所以感到骄傲也心存期待，乃是因为，这方田野已经成了我的生命，我当然希望有朝一日，我的一两个孩子还能守候于斯，耕田放羊。我希望这古老的农耕思想传承不息，也希望有一两个孩子像我一样挚爱这片山谷，像我一样因它而目标明确，未曾迷失。可是，我不想让他们觉得父亲的期待是一重羁绊。我之所以感到心疼，那是因为耕地业田有时会将人彻底累垮，何况还要应付经济困境，搞得焦头烂额。

我们拿坡底草场的几只老羊训练幼犬，打发它们从草场边缘把这些母羊赶进中间的栅栏围场。拜斯壮实机灵，喜欢干活。母羊清楚斗不过它，稍事反抗便进了围场。拜斯盯着我，一脸的挫败，竟然让它对付这种破羊。它那妹妹尼尔却羞怯胆小，也只能让它干这种事情找点信心。不过，这次它很快就完成了任务，干得很像那么回事。把拜斯和尼尔放在一起我有点不忍，因为拜斯有点泼辣强横，可能会打击尼尔的信心。往后，我得尽量多给尼尔一点鼓励和时间，把它培养成一只合格的牧羊犬。我不想心急火燎，忙得团团转圈，倒喜欢不紧不慢地打理家中的农场，以便呼吸轻松，步履闲适，能够多花点时间训练幼犬，欣赏我们称作家园的迷人田野。

我们去看自家的公羊，这些羊只有一岁，留作种羊用于出售。整个夏天，这些公羊都养在山上的一个平整草场，这片小小的草场归巴利所有，伊萨克老是说他长得像圣诞老人。巴利的草场有一种东西，可能是土壤富含泥炭酸质，能让我家的那几只赫德维克公羊毛色变深，成为深深的灰蓝，秋天出售，那可是让人中意的毛色。最近几周，它们已经褪去黑色的胎毛，头部和四肢闪闪发光，一片白色，苛刻如我，都觉得眼前莹亮如雪。它们的鼻子变得肥大，布满褶皱，已经发育成熟，分明是雄性激素显出了威力。这几只公羊四肢粗壮，骨骼密实，脖颈之上已经长出银色的鬃毛。也是最近几周，原本平直的羊角开始盘曲，渐渐拢住耳朵乃至贴紧了双眼。它们已经分化出等级，最强最壮的那只高视阔步，俨然王者。

我喜欢家里的这群绵羊，因之深感荣耀也充满欢欣，而我相信将来也会永远如此。我教伊萨克如何识羊，让他明白抓住若许细节，就能从成群的好羊之中挑出最棒的那只。他还处在入门阶段，但我相信他会掌握精髓。去年秋天，由于太忙分身乏术，我不能亲自参加牧人集会展示绵羊。由于没空准备参展羊只，只能由伊萨克和老母亲代为赴会，我身在局外，颇为失落地错过了那个百般钟爱的日子。伊萨克当晚神气活现地回到家里，手捧一尊银色奖杯，那是"青年牧者"竞赛的奖品，专门授予展示绵羊，点评最佳的年轻牧人。"可你没带羊啊。"我脱口而出。"那不是问题，"他说，"简·威尔逊把她的公羊借给我用，那只羊羔真够神气,真够体面,我一看就知道能赢。"那可是简的宝贝,她发短信告诉我,只要是她的羊,抓一只就能获奖。

由于家庭影响,我对怎样才算"出色的农民"有自己的一套看法。最好的农民是饲养高手,经管的牛、羊或猪自然最好。他们勤苦劳作,满地的庄稼令人称奇。在我眼里,这种看法似乎向来如此,也永远不会改变。可是,回顾父亲和祖父的农耕生活,我现在看得一清二楚,出色农民的标准在与时俱变,世代相异。

我渐渐明白,农场是一份产业,一份属于个人的私产,是留于家人的一份财富,也是兼有债务与责任的一笔遗产。农场首先是个劳动的地方,那种劳动框定了人生也赋予了目标。务农又是一份职业,一份有商业意味的事业,通过生产食物营谋生计也服务他人。为世人提供食物颇为艰辛也相当崇高,尽管不可或缺,却被目为理所当然的事情。人类社会危机四伏,农耕略有不妥人们就会挨饿,自然是穷人首当其冲,铸成大错则会导致饥荒,将数以百万的人饿死。

农场还是家园,是家庭的主根,深深地植于土壤之中。纵使它不再挣钱也是如此,辍耕不作的农民何以会久久守候，原因也在这里，那里宛若圣地，沉淀了历史，留下了故事，也充满了回忆。除此之外，农场还属于含蕴更广的文化、社会和经济体系，家庭和村落因之相与往来，饲喂同样的牲畜，耕种同样的庄稼，从事同样的劳动。

有个年迈的农民跟我说，2001年口蹄疫暴发，他的牛羊死了，后来的十八个月，他觉得自己的生活成了一片空白。他的身份认同不仅系于饲喂牲畜的劳作，也跟由此结识的朋友和熟人密不可分，遑论由于饲养还要参加展销以及各种集会，难怪牛羊出事后，与之相关的人际往来也会就此中断。

人们每每将农场视为独立自主的乡野天堂，你可以在那里赢得一席之地，无须随着浩浩盲流跟一群陌生人卷入城市。此事固然不假，但我现在还明白，农场原本是一片荒野，由于人类改造利用，也被纳入了时时枯竭乃或瘫痪的生态系统。农田好似煤矿，人类作为生物跟大自然在此产生交集，且因政治活动、饮食习惯和购物喜好改变了耕种的土地，周边的荒野，乃至包括风云雨雪。不过，我们经常留下的是灾难跟浩劫。

我最终发现，即使以传统的方式耕田种地，也总会给大自然留下伤害，假如没有人类，这种愈演愈烈的颓势便不会发生。一旦明白这个道理，我们也会看得一清二楚，除了生产用以交换的商品，出色的农民贡献更多：由于经营有方，或曰满怀温情而牺牲效率，他们容纳了大量的野生物类，使之栖身农场，出入田野，他们涵养了水源，既让土地免遭侵蚀，也让村落、城镇和都市远离水患，他们又遏制了碳排放，否则，全球气候将会受到影响。打理出色的农场会造福大众，远非耕田种地的那点微薄收益可以相比。我有个朋友在山区放牧，每年都有数以百万的游客在他的牧场来来去去，任情徜徉。他们来自世界各地，专为欣赏那高低起伏、野趣尚存的山坡美景，欣赏那淙淙而去的细流，垒筑巧妙的石墙，以及古老的石砌屋舍和仓房棚厩。

我还发现，即便农民十分出色，依靠单打独斗也无法主宰农场的命运。他们善待自然，从事劳作以求赓续不绝，却只能仰赖大众通过购物和投票提供支持，予以保护。健全的农业生产是一笔"公共财富"，需要政府出台投资和商贸政策保护鼓励，加以认可。

农业的边缘化见于英国的政治事务和社会观念是一场悲剧，因为这种现象彻底反映了人们意欲生活的乡村类型，而这类乡村却是已然衰败的美国中西部的拙劣翻版，然而，这片大地自有我们自己的价值标准、历史渊源、希冀追求和固有特征。以前，我们不假思索，随波逐流，任由大型企业坐大成势，执着于它们供应廉价食品的超市店铺，假如现在依然如此，将来的英国便没有健全的农业可言。

食物本身干系莫大，会让我们的生活多姿多彩，我们必须严肃对待，绝对不可视为一个技术问题。我们该想一想食物如何生产加工，想一想我们的选择如何见于土地田野。农耕蜕变为工业化生产，责任全在我们自己。我们之所以听之任之，乃是由于它描画了我们期待的那份愿景。现在，如果想要未来与之相异，我们就得不畏艰难，做出选择。

我们听经济学家的聒噪实在太久。他们说，食品供应链遍布全球，安全可靠，我们根本无须担心本地出现食物短缺。然而，面对社会危机和自然灾害，时局世态动荡不宁，脆弱易损，已经远远超出他们的认知，上述所论便令人生疑。就算他们所言属实，也不足以说明本地的食物问题无关紧要。我们之所以需要本地的农业生产，乃是由于知悉根底，可以因地制宜，依据喜好打理经营。那就说明，为了目睹其事，亲身参与，若有必要还能质疑驳难，我们的大部分食物就该产自本乡本土。食物生产非同小可，绝对不能遮盖掩蔽，搪塞敷衍。食品原料如若来自莫知其名的遥远异域，则很难符合我们的健康、环保和卫生法规，也跟我们的口味喜好存在冲突。我们疏离了滋养我们的土地和农民，早已习非成是，乃至忘了付诸历史这种举止有多荒唐。远离土壤，远离自然，远离供养我们的粗笨农夫并非好事。无数事实表明，户外干活，亲近自然的群体身心两端毛病更少。现在，人们渴望发达尊显，以求摆脱烟火气息，摆脱农事活动，事实证明，如是念想跟我们发乎赤诚的真切需求恰好背道而驰。

我们的商店超市得将急功近利的食品拒之门外，不容它排挤善待自然、谋求福祉的农耕生产。美国中西部的田野尽数被毁，沦为不毛，印度尼西亚和亚马孙流域的原始生态早已荡然不存，我们必须再接再厉，依托不列颠的泥土加大食材生产，用以降低从这些地区输入的食品总量，因为，我们的政策法规和监管举措对那里的农业生产鲜有效力。

要而言之，我们既需要耕地，也需要荒野，以充分满足人类复杂多元的各色需求。过去半个世纪以来，某些技术手段改变了农耕面貌，现在，我们若能逐步限制，依托于轮作经营与混合耕种的生产方式就能再度亮相。只要弃用来自化石燃料的化工产品，农民无须提醒也会再度轮番耕作，增加品种。如果采取措施加以鼓励，让野生动物在农场的栖息条件趋于多元，也让轮番采牧和效仿自然的生产活动大行其道，不列颠的乡村世界便会为之改观。我们身在农场，不需要政府巨细不遗地过问干预（放眼历史教训良多，比如曾经的苏联），我们的诉求其实相当简单，只需要提供相宜的政策，能让农民自行其是，安心种田。

农民跟大众的社会契约自古而然，现在，这种关系却趋于紧张，行将中断。我们需要另加约定，需要再度沟通，需要兼容农耕和生态的全新机制。有鉴于此，我们得展开对话，直面现实，真诚相待，身为生产和消费的双方都做出调整，通过购买缴纳税金，甘愿为健全耕作及所产的食物支付实价，以求诸事圆满理想，回归本然。我们所需的解决方案有的琐细而具体，有的涉及政策的结构调整。要想提升文明水准，强化公平正义，只能让数以百万的农民发挥政治影响，最终形诸制度，使土地和农耕问题成为国家建设的中心。

※

汤姆倚着我的臂膀，瘫倒在四轮车前方，回到家里的时候已经在我的膝头睡得很熟。海伦出门白了我一眼，把他抱下车子抱进屋里。我们这个旧式家庭事情太多，苦乐不均，因为我很少待在家里帮忙搭手，甚至连自己的事情也撇在一旁，不过，每天晚上我都会把汤姆抱上小床。小家伙壮得像头牛犊，很有主意，任性执拗，精力好得有点过头。他从来就不想睡觉，抱他上床总要扭打挣扎，跟你作对。他爱听简·皮尔格林笔下的黑莓农场，这些故事的读者原来是我，在我之前又是父亲。不过今晚他睡得很沉。我轻抚他的发丝，想知道他往后怎么看待我们。但愿我能做好。

往后，子孙后代谈起我们会说些什么？会如何评价？他们会站在灰尘之中，面对满目不毛、生存维艰的大地，放眼四顾，尽是我们所留的残迹和废墟？会觉得我们十分自私，十分愚蠢，非但未曾拯救地球，反倒在不计后果地大肆破坏？会觉得我们做事极端，眼睁睁地看着世界开始崩塌，却又显得懦弱不智，逃避责任？还是坐在我们所栽的橡树之下，一边享受着绿意浓荫，一边深深地引以为豪？觉得我们面对深渊却能出手相救，能够勇敢地直面自己的缺陷，豁达地搁置分歧携手努力，睿智地在店购商品之外审视生活？觉得我们作为先辈升华了生命境界，在努力构建一个更为理想，也更为公平的世界？

一切取决于我们自己。

我们站在十字路口。

假如我们没有胜算，精明的赌徒自然不会在我们这边倾囊下注。要想气势恢宏、滴水不漏地杜绝我们所致的破坏，则需要强悍的意志、骄人的胆气和非凡的智慧，我们说什么都不会相信自己具备这些品质。为了赢得一点自由，我们早已搞得身心俱疲。但凡略加提醒，让我们减少购物或牺牲点滴，我们就会像挤离食槽的猪那样厉声尖叫。人类社会向来丑陋自私,蝇营狗苟,将我们误导分化绝非难事。尽管如此我却相信,矢志不移、坚守选择的所有人士都会做该做的事情。

※

几周之前,我们在地上栽下了第一万两千棵树苗。现在,农场的树木恐怕已有原来的三倍,我希望未来几年栽得更多,让林带和树篱在农田四周继续绵延。我在挑战自我,最少做到日栽一树,死而后已。如此坚持虽然难成气候,却也不无意义。我想让农场之上绿荫遍地,草木斑斑,到处是动物匿身的去处,到处是化土归尘的落叶。我也想让家中的农场更加完善,以便冬日的鸟雀搜罗浆果,寻觅果实。当然了,我家的农场对改善生态无济于事,那只是我进行尝试的方寸天地,然而,假如我们能够相与联手,每次都能略有所为,则会使周遭的田野因之改观。

植树的感觉很好。如果栽活,你的生命就会在辞世之后得以延续,世界也会因为这番付出而有所增益,越发美丽。栽种树木也说明你对身后的那个世界存有一份信念和牵挂,意味着你的所思所想并未限于一己之身,已经超越生命所限,放眼未来且予关注。父亲辞世前修补了残破的大门和石墙,因为他相信这座农场往后仍旧不可或缺,他那平凡的生命也会因而遗响犹在。我跟他一样，所以栽树之际心愿相同，念想无异。

人们都说，古时的斫轮工匠经历三代方能栽植、砍伐、储集果木，所以，直到孙辈手上，成材的树木才会充裕胜用，晾干的木料才会满足所需，得以制成坚硬的轮毂。我们得像古人那样念及未来，谦卑为怀。说不准有一天，子孙后代也会用我此刻所栽的树木加工点什么东西。说小一点，我希望子女和孙儿能像我们那样攀爬树木，搭建"城堡"，捕捉鱼儿，也能像我们那样随意漫步，任情徜徉。我希望他们能够珍爱我们的耕作传统，关照我们的牛羊和农田，呵护见于野外的各色生灵。生于这个时代，我受够了极端行径，受够了过火举止，也受够了怒气冲冲的声讨和谴责。我们希望多一分善念，多一分谅解，多一分考量。

农民跟环保人士积怨已久，有人因而想方设法促进沟通，我们之所以在农场上不计功利，但求改益，也是他们努力的结果。农民自来随心所欲，农场俨然一座孤岛，耕田只是一份职业，跟别人了无干系，现在看来，如此自主很成问题。某人单种玉米对土壤损害不会多大，人们都种玉米可能就是生态灾难。生态是个全局问题，一块农田和一座农场影响甚微。我们需要协同努力，不可囿于几座农场和几道山谷。如果我们对生态学说略知一二就会明白，它涵盖大地，从海洋到山巅，从南到北，从东到西无所不包，其中既有农场和山谷，又有地区和国家，甚至横跨洲际，包括大陆。

每年春天，布谷鸟总会从撒哈拉以南振翼而至，在我家的橡树上放歌两月之久。它们需要安全的地方寄居觅食，也需要安然无虞地往还迁徙。燕子、斑鹟、野翁鸟、红尾鸲和其他鸟雀莫不如此。我家的农场跟遥远的地方存在复杂的关联，那些地方我却从未涉足也了无影响。入冬以来，可爱的田鸫和歌鸫就会寄身树篱，及至开春又会北向而去，前往北极的荒原、斯堪的纳维亚的丛林和俄罗斯的北方大地。乌鸦也会飞临我家的农场，在山坡上啄食死去的羊只，据说有时会飞往西北寻觅伴侣，有时会飞抵丹麦或挪威的海岸躲避冬寒。不过，纵便放眼本地，野生动物也始终在山间谷地出入逡巡。杓鹬、蛎鹬和田鸡时而来到我家的草场为山谷施惠，时而飞至索尔威和莫克姆，到访潮汐奔涌的河口与港湾。水獭在我家农舍下方的岩石上粪便斑斑，它们的领地更为广阔，常常沿着农场的溪流上下游走，一夜之间挪动好几英里。鲑鱼跟河鳟在细流所积的水潭里银光闪闪，其实，它们好多时候都在遥远的海上，在渔船的拖网和鲸鱼的利齿间游走躲闪。我家小小的农场是广袤世界的一个单元。

我们骑着四轮车穿过草场，穿过大门，每次都由蓓雅下车开门。现在，我们差不多到了山间的平地，日光好似手掌，拂过山坡掠向西北。地上的影子越来越长。今天我还没查看那些公羊，那可是我家农场上最值钱的品种。我为了改良羊群引进了这些种羊，要在天黑之前看上一眼才能放心。伊萨克守着电视没有出门，要看到睡觉才肯罢休，倒是蓓雅乐意跟我一同前往。

我们一路前行，驶向谷底的漫滩。无数细流和往日的沟渠蜿蜒交错，把这块滩涂切割得支离破碎。这是一块高低不平的牧场，过些日子到了夏天，肥嫩多汁的绣线菊便会竞相绽放，高可齐膝。这里是饲喂公羊的理想选择。黎明之际和黄昏时分，谷底微似太古时代，牛群和野鹿常在雾海中吃草，苍鹭展翅，往复掠飞，时而落上栖木，时而捕捉鱼儿和青蛙。数百年来，人们在这里大肆排水，想把沼泽变为农田，开挖的沟渠深达八英尺，有些地方乃至十英尺。这里要想保持干爽，不但需要耗费大量的人工，还得像赫拉克勒斯那样折腾不休。最后一次"改良"是在二十世纪八十年代，"水务部门"动用大型机械拉直了河道，从我家的草场横穿而过。他们又在两岸栽植木桩，铺设木板，搞出了一条小小的运河。试想，一家公共公司，既有资金又有意愿，纯粹基于施工热情，也完全因为迷恋截弯取直的神话，竟然来到偏远的湖区山谷大动干戈，听起来已经有点匪夷所思。可是，放眼英格兰，过去一个世纪以来，逃过各类"改良"招数的农田又有几块？

要在这里排水造田，我没有人手和资金，也没有心思和念头。长毛母牛跟赫德维克绵羊不需要绝对笔直的河道，也不需要满目葱茏的草场。由于没有宏伟的规划和盛大的排场，这片谷地年复一年自行变迁，重归草昧。笔直的河水最终漫过挟制它的岸际，都要使之松动垮塌。河边的木板开始朽坏，泥沙和水草淤积填塞，越来越多，水獭跟苍鹭出没其间叼食青蛙。

我们终于到了谷底，游目四顾，来自洪荒的田野仍旧一派生机，活力不减，不过，二十年的变迁也留下了各种痕迹。

仰望山坡，古老的橡树林正欲再发新枝。小小的山间白蜡茁壮而起，冒过野草，要让啃食的野鹿打消念头。草木又浓又密，桤木和荆棘在道道沟壑中四向蔓延。弃耕复荒兼以自然发力，得以成就了这片漫滩。这方山谷比我幼时要狂野芜乱，采食的羊儿也几乎不见踪影。有些邻人对此困惑不已，乃至大为光火，其他人则接受现实，要么扩大了牛群的养殖规模，要么另觅他法，在自家的农场上营谋生计。

我看到农民已经开始携手，想让这里变得更好，想方设法在天然流淌的小河四周种草养羊。他们正在行动，绵延而去的树篱重获打理，田间的石墙又复亮相，古老的石砌棚厩和农舍再现旧观。护栏在河畔娓娓蜿蜒，河曲的水塘已经挖好，公地的泥炭湿地也恢复了全貌。弃用化肥和农药的草场野花点点，昆虫、蝴蝶、飞蛾和鸟雀上下翻飞，光彩闪闪。

我还看到，村上有些人并未务农也在行动，有时栽种苗木，培植树篱，有时打理湿地，有时融入我们出手相助。四分五裂的世界因而聚为一体，"我们"和"他们"的隔膜由来已久，现在却在渐渐消失。由于热爱家园，我们最终走到了一起。

有时候，面对所有的变化我不知道如何评判，因此只能就身边的事情做些观察，来点思考。我不会轻狂地认为自己明了一切解决方案。好多人秉持若许观念，最终形就了我们眼前的这些田野，事情向来如此。

尽管如此，有一条脉理却绵延未绝，贯穿始终，一切都跟过去同出一辙，正如羊群跟往常一样在山坡和草场之间来回往复。我们照旧带着牧羊犬前往公地奔忙操劳，也像以前那般带着牛羊参加畜品展会。家乡的山间尽是热忱聪慧的青年男女，他们热爱这里的风土人情，热爱古老的山坡农场，热爱农场的劳动和耕作。他们也像我当年那样，渴望施展身手，在未来打拼出一片天地。

当然，直到现在，仍旧有人不喜欢这片山谷，那是一味追求效益的农民（"可真够酷，不过无非一副做派"），还有极端热衷荒野的环保人士（"拜托走开，我们只想在山上栽树"）。可是在我眼里，这片山谷反倒是相互让步的绝佳案例，非但如此，随着我们见识日多，找到应对挑战的全新方案，情况将会越来越好。我为自己的同仁感到骄傲，他们既能恪守传统，又能突破窠臼解决这个时代的严峻问题。

我对这方原野和这里的人民充满信心。

我开着四轮车静静地穿过长满刺蓟的沼地，小路上杂草丛生，溪流在路旁淙淙远去。公羊站在河边，听到动静都抬起头来，肩胛和羊角清晰可见。清点一番，它们一个个都状况很好。我总会盯着最为壮实也极端威严的那只，我们叫它"猛兽"。这羊买来已有三年，培育的儿女都相当出色。旁边站的那只名叫"斗士",两年前买它的时候都破了价格纪录。这两位长毛贵族正在改良我家的羊群,有望使它兴旺发达。它们掉头狂奔,冲下草场。

我们正要掉转车头,小河上方闪过一片诡异的亮光。我关了引擎。

时间放慢了脚步。河水溢出幽暗的水潭,流过卵石,潺潺弄波,又汇入下方的一汪潭水,在落日的余晖下光彩熠熠。成群的米诺鱼和小小的鳟鱼挤在最大的潭水之中,四处乱游,水面上涡纹斑斑。潭水上方蚊虫嘤嘤,点缀着四野的宁静。

蓓雅身穿粉色T恤和短裤,依旧坐在我的前方,粗壮的小腿搭在油箱两侧。我搂紧她的腰肢,好让她明白我有多爱她,对她帮忙又有多欣慰。这孩子非常矜持也非常独立。她脸盘不小,面颊生有雀斑,扎着一条马尾辫儿。她为人善良又相当有趣,她一进门,孩子们就会一拥而上。不过她跟大人相处有点叛逆冒失。她自小就跟姐姐莫莉讨主意,做决定,而不会求助父母。姐俩经常结成"帮派",攻守同盟。刚蹒跚学步的那会儿,只要吩咐做事,她总要先看姐姐一眼才决定该不该行动。只要她觉得自己没错,就会跟我或她的妈妈较劲。她精干细腻,是非分明,我家的女性大率如此。也只有在她前往农场帮忙的时候,我才能最为亲昵地向她表达身为人父的那份深情。我也清楚,她其实渴望我以她为荣。这当然不是问题,只是我拿不准她是否有所感受罢了。

落日斜西,橡树的影子在牧场上拖得很长。天很快就要黑了。我们发现有只鸟儿宛若幽灵,就在近旁,相去只有五十英尺。一只仓鸮。

它好像没看到我们。蓓雅像触电一般身子一颤。我们静静地坐着,那只仓鸮在往复掠飞,浑似一只硕大的白蛾,双翅轻轻地拂过黄昏的微光。它忽右忽左,又如在玻璃罐壁上滚动的小球,滚至圆弧一端总会让重力拉回。它跃向一侧,接着总会滑向另外一侧。娇俏如许,轻灵如许,它在弧线末端回摆之际乃至到了消失不见的程度。不过,它奋力捕食就会显得身形略大。仓鸮显身,草场不再单调空旷。

一只漆黑的食腐鸦(我们称作"蠢货")貌似心不在焉,其实想欺负那只仓鸮,两只鸟儿相触之际遽然下坠而后飞开。声声鹿鸣,山间越发显得宁静。我把女儿紧紧地夹在膝间。她一言不发,彻底看呆了。

我们在努力呵护这方田野,眼前的迷人瞬间便是收获跟回报。当然了,美景不能当饭来吃,可那虽非全部,却会让生活更加美好。对乡间居民而言,这是常识,然而,及至他们笃信工业效率,膜拜消费主义,彻底沦身为奴之后,情况便非复往昔。我感谢祖父和父亲予我教诲,美好的生活跟金钱或购物关系不大。今人拿金钱衡量一切，他们对这种狂热做派嗤之以鼻，现在，我越发敬重他们。没有谁能脱离商业交易这种现实，但我们可以尽其所能地改造社会，让它更加公平，更加文明，也更加友善。我反感二十世纪八十年代的那些荒唐经济论调。

暮色降临，一抹银色笼罩着草场。那只仓鸮在前后左右巡弋掠飞。突然，它锁定了猎物，收拢双翼，疾如利箭射向草丛。我们屏气凝神，那两三秒钟一片空白，长得好像没有尽头。它旋即飞出草丛，带着一个满身棕褐、抽搐不已的小小猎物，毫不费力就返回了一处门廊。我们这才长出了一口气。

眼前唯有此景，别无其他。这是寻常景象，也是普通物类，可有什么比这深沉博大，简约纯一？身为凡人，我们在这方田野上劳作打拼，营谋生计，又有什么比这重要，比这关键？

我希望我的蓓雅长命百岁，希望她生活健康，热情快乐。待她年岁渐老，无论身在何方，可能都会想起曾与父亲伫立此地观赏仓鸮捕食。那是神奇的瞬间，也是美妙的感通。抑或，待我辞世故去，她也会留在这里耕田种地，将会想起我在如何竭尽所能地守护这方田园。

我心系此地。

这是我留给孩子们的遗产。

告诉他们地上发生的事情,得有人告诉他们……

我小的时候,报春花遍地都是,剪秋罗随处可见,山坡上危崖高耸,巉岩间百里香传芳,花丛中还有蝴蝶翩翩。米诺鱼在小河里游来游去,在潭水中往复穿梭,划蝽在水面轻盈地滑行……

我可能年事已高,古板迂执,但我就喜欢眼前出现这些生灵。可惜你无缘见到它们。贪欲,贪欲有罪!如若他们纵逞贪欲而不加收敛,局面将会更加恶化。

烦请告诉他们。

——迈森·威尔

于多特威特·海德农场

鸣谢

幸蒙各位杰出人士出手相助，我得以命笔立言，本书得以刊行面世，且容深致谢忱：

感谢合众公司的吉姆·基尔与其他同仁。

感谢海伦·康福特约稿并为首任编辑，且在写作初期帮我确定了本书的命意架构。感谢斯蒂芬·麦格拉斯、英格丽德·曼茨、佩内洛普·沃格勒、简·罗伯逊、海伦·埃文斯及企鹅社其他人员有逾常格的辛劳和付出。

由于克洛埃·克莱恩斯相助，本书最终得以成形，我将感荷不忘，常相铭记。身为编者她无比出色，对我倾心相与，对书精益求精，与她合作我深感荣幸。想当年，母亲书架上的企鹅经典总是让我眼界大开，而今少年美梦成真，终于成为企鹅的一员。

好多人士通过社交媒体账号 @herdyshepherd1 与我交谈，提供帮助，点点滴滴不可胜计，我向诸位表示感谢。

感谢曾予支持并参加拙作首发仪式的所有书商、记者，及与会宾朋。

感谢数百读者与作家热忱支持，跟我谋面晤谈又致函赐教。尽管我无暇一一回覆，诸位的透辟识见却对我深有助益。

耕田种地，随时有人赐教施助，我对诸位感激不尽。感谢友人予我支持，既能厘清传言保留真相，也曾给意欲登门造访的不速之客指错我家的方向。

感谢阿兰·拜恩尼特，他与我比邻而居且娴于耕作，跟他在田间小道上探讨农艺诚属乐事。感谢彼得·莱特富特让我没犯错误。感谢戴维·坎农作为绅士履诺守信，与我交好。感谢乔·韦尔不惮弄险，与我倾力合作养殖赫德维克公羊。感谢理查·伍夫的所有帮助，他还手持带锯打理过那些难缠的树篱。感谢克里斯·戴维斯、德里克·威尔森、斯科特·威尔森、汤姆·布里兹、汉娜·杰克逊，感谢他们在我离开之际帮我打理农场。

感谢肯·史密斯为我驾车，在美国中西部笔直的公路上奔驰。感谢雷娜和凯文·迪采尔提供良机，让我深入了解爱荷华的农场生活。尽管我对当地的农耕运作有所诟病，却必须指出，我有幸结识了一批出色的美国农民，钦佩他们锐意进取，勇于斗争——"再生农业"的好多最佳方案便来自美国。格里格·尤迪经营青草农场，感谢他在 YouTube 发布视频，关于土壤和采牧惠我良多。

过去十年，我家的农场已经非复往昔，得益于不少了解环保的人士，他们亲临指导，出手相助，改变了我们对土地的认识和经管思路。好多年前，伊顿河谷保护基金会的露西·巴特勒跟威尔·克莱斯比来到农场，为促进转向提供了契机。感谢基金会的财务人员使项目顺利进行，其中包括伊丽莎白、莱文、塔尼亚和珍妮。

罗伯·迪克森帮我们了解土地，尤其野花野草，他不怕弄脏双手，为我们修整沟渠，补种苗木，再过两三年，牧场就会一片芬芳。

最近几年，卡洛琳·格林罗德教我们认识土壤，打理草场，提供的帮助跟其他人不相上下，且容我衷心道谢。

理·斯科菲尔德及皇家鸟类保护协会的其他专家十分有趣，见识精深，我们多所沟通，对完善方案大有裨益。查理·布莱尔和伊莎贝拉·特莉待人热忱，不吝指教，他们在尼普堡的举措也为我认识自己的农场提供了思路。凯恩·斯克林杰与希瑟·路易斯·迪维帮我们深入了解农场的飞蛾和蝙蝠，两人观点新颖，饶有趣味。感谢贝基·威尔森计量碳排放数值，以及各种土壤检测，因她热心帮助，土地得以再现生机。感谢林地基金会提供苗木。感谢对山间项目慷慨捐助的所有人士，尤其是布莱伊全家。感谢英国自然与环境局的全体人员，感谢你们出色的后台策划。感谢保罗·亚克利指点门径，让我们熟悉申请最佳环保项目的相关程序，且在我们争取之际热忱相助。感谢詹姆斯·罗宾逊对我们日常牧养的透辟意见，以及对我们有悖常态而遭遇的挑战提供的敏锐点拨。

非常感谢吾友丹尼·蒂斯代尔，因你帮助，我们对河流的认识得到深化，因你筹措资金，安排挖掘机械，我们的项目得以完成。丹尼矢志环保，求真务实，是我们须臾难离的朋友——您若有志于他在这方山谷的保护工作，敬请捐助（www.ucmcic.com）。我们的"善待自然，携手耕田"组织让我深感自豪，祝愿它蒸蒸日上，越来越好。

感谢自愿前来栽种树木、培植树篱的所有人士。感谢所有来自学校的合作伙伴，你们总是让我觉得生息于斯何其荣幸，共守家园有多快乐。

读者诸君还须明白，我们的行动既非个案，亦非孤例。我们这里和毗邻的山间到处都是优秀的农民，都在探索妥善的耕作方式，力求兼顾食材生产和自然生态。这里还有不少非常出色的农民，他们对此极为上心，让我满怀希望。

吾友尼古拉·瓦尔丁、亚当·拜富德、罗伯·迪克森、卡洛琳·格林罗德、凯瑟琳·阿尔特和帕特里克·霍尔顿认真阅读本书初稿,并提供建设性的修改意见。特别感谢简·克拉克通读初稿,恳切建议。

书中舛误在所难免,无论涉及事实而或事关议论,一概由我本人负责。

感谢马尔科姆·马克里安容我居于他在尤基的"平房"之中,那时我正需要觅得一份清闲。

感谢挚友玛吉·里尔蒙斯和奥泽曼·萨富尔在我需要的时候相伴左右。感谢波兰兄弟卢卡斯,那年春寒难禁,你却来到农场纯为帮忙而不计回报,给我莫大的支持。感谢尼克·奥夫曼对我的工作所予的敬意,而且卓荦不群让人有解颐之乐。

感谢伊安和利兹在境况不佳时为我们所做的一切。

感谢家母陪在左右且予支持。

感谢我的孩子们。莫莉对本书写作毫无兴趣,蓓雅兴趣颇浓,伊萨克欢呼喝彩,引为荣耀,汤姆非但一无所知,一无助益,反倒因你而迟滞一年。感谢我漂亮、坚韧且聪慧的爱妻海伦,我的谢意发自肺腑。感谢你默默承揽了一切琐事,要不我们的生活将会搞得一塌糊涂,有你支持我何其幸运。每逢写作不畅,你总会出手助力,让我前行,否则我会一筹莫展。我爱你,海伦。

最后,本书的灵感来自两位杰出的女性,那便是拉切尔·卡尔森和简·雅各布斯。两人敢于质疑"世所公认的智慧",而且挑战侵害大众的各类教条。另外,我将无比诚挚的谢意和敬意奉于好友温德尔·贝里,好久以前,你便在茫茫暗夜中觅得一束光芒,烛照我们一路前行。

# 后记

翻译《罗马帝国衰亡史》已逾十年，担心"迁就"原作辞令影响文风，终成窠臼，兼以工作日久，推进乏力，因而计划翻译一部拜占庭史学名著，或卡拉扬传记作为调节。去年岁末接到东方出版社的约稿电话，邀约翻译雷班克斯的新作《英伦牧歌》。

初读原作就非常喜欢，书中所记虽为异域风情，却相当熟悉，备感亲切。

作家既有矫弊用心，也有济世情怀，记述深婉细腻，笔致轻盈灵动，对农业现状和未来表达了深深的忧虑。

我生于农家，饱含深情地翻译了这部作品。

翻译之初，家母恰好开始绒绣英国风景名画《干草车》，原本计划我们同时完成，可我中途生病延误了进度。她是这书的第一个"读者"，每天都会"过问"农场事务，我也会原原本本地说给她听。说到"祖父"碾压农田，把前方的一窝鸟蛋小心翼翼地兜进帽子，压过田地后又在原地拱出小坑放回。她也提到自己薅草的经历，破壳不久、尚未离巢的田间幼雀发觉响动以为妈妈回来，就会张嘴要食。这时，她会一一抓起喂点唾沫，原样放回。

友人戴晶晶认真阅读了本书的初稿,她嗜读向学,每每从字里行间发现"闪失",提出精到的完善意见。她才是本书的第一个读者。

由于本书好似"蚕丛"小语的辑录汇编,因之特意撰写长篇序言发掘题旨,作为读者理解的助益和欣赏的参考。

序言仿照原作,在相对独立的句段之间使用了间隔符号。

译者 谨识
2022 年 7 月